la Montagne

Grandeur Nature

La Montagne

Photographies de Jiří Havel
Texte de Jan Štursa

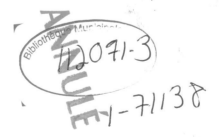
Gründ

Photographies de Jiří Havel
Texte de Jan Štursa
Adaptation française de Martine Richebé
Arrangement graphique de Jaroslav Cheben

Première édition française 1995 par Librairie Gründ, Paris
© Librairie Gründ pour l'adaptation française
ISBN : 2-7000-5420-2
Dépôt légal : septembre 1995
© AVENTINUM NAKLADATELSTVÍ, s.r.o., Prague 1995
Imprimé en République slovaque
3/24/02/53-01

SOMMAIRE

1. INTRODUCTION

Vus d'avion, les massifs montagneux paraissent inertes et immuables depuis leur création par d'énormes forces géologiques il y a des millions d'années. En fait, chacun d'eux connaît depuis toujours une intense activité. Il y a environ 3,5 milliards d'années, la croûte terrestre s'est refroidie et solidifiée, et un processus d'érosion et de sédimentation n'a cessé depuis d'en modifier le visage. L'eau, le gel, le vent s'acharnent à niveler cette matière soulevée et éjectée des entrailles de la Terre. Mais leurs efforts sont vains, car une énergie invisible continue à soulever, plisser et déformer l'écorce terrestre renouvelée par des remontées de magma brûlant issu des profondeurs du globe. Notre planète est revêtue de six plaques mouvantes dont les déplacements incessants déterminent la création ou l'anéantissement de chaînes de montagnes, dans une circulation permanente de matière et d'énergie.

Les organismes vivants, notamment les végétaux, semblent n'être que de modestes spectateurs de ce duel éternel entre forces naturelles internes et externes. Mais dans les moments d'accalmie, ils trouvent leur place sur la surface instable des montagnes et y jouent aussi leur rôle. Les racines des uns pénètrent les roches fissurées par le soleil et le gel et accélèrent leur désagrégation, celles des autres retiennent les débris accumulés un peu plus bas, les protégeant de l'agent d'érosion le plus agressif – l'eau – qui transporte des fragments de montagnes jusque dans les profondeurs marines.

Au cours de centaines de millions d'années, des chaînes de montagne se sont formées dans diverses parties du monde. Leur aspect varie selon leur éloignement de l'équateur, des plates-formes continentales, les propriétés chimiques des roches et des minéraux qui les composent ou l'altitude à laquelle la matière organique a été soulevée dans le passé. Chaque continent porte une multitude de massifs, dont beaucoup sont si élevés que leurs sommets sont recouverts de neiges et glaces éternelles.

Ces hautes montagnes, aux pics, torrents et glaciers si impressionnants, inspiraient humilité, crainte et respect à nos ancêtres, alors incapables de comprendre les phénomènes naturels. D'où les nombreux mythes et légendes les assimilant au royaumes des divinités ou aux divinités elles-mêmes.

Mont Kailas, Olympe et Parnasse, Fuji-Yama, mont Ararat, Nanda Devi... chaque peuple avait, dans l'Antiquité, sa montagne sacrée attirant une foule de pèlerins venant parfois de très loin pour se concilier les faveurs des dieux et leur offrir des sacrifices.

Puis l'homme a découvert que la montagne recelait des richesses plus concrètes : sources d'eau, prairies riches en plantes médicinales rares, dépôts de matières organiques et minérales. Les premiers explorateurs, expéditions militaires ou caravanes de marchands bravèrent ses cimes enneigées, chacune de ces ascensions fut transformée en aventure mythique par les hommes de lettres et de science, notamment par les philosophes des Lumières. Alexandre le Grand, Hannibal, Léonard de Vinci, Johan Jacob Schneuzer, Horace Benedict de Saussure, Jean-Jacques Rousseau, La Condamine, Alexander von Humboldt, entre autres, sont des noms indissociables de l'histoire de la découverte de la montagne. Elle était devenue un lieu d'enseignement, de contemplation esthétique, de repos et d'exercice du sport.

Grâce à la masse de connaissances tirées de chacune de ces expéditions, l'image que l'on se faisait des montagnes devint plus précise. On découvrit que ces îles qui émergeaient d'un océan de plaines et de plateaux prenaient un visage changeant non seulement au gré des saisons, mais sous l'action brutale du gel, du vent, des avalanches, des torrents impétueux et des glaciers. On comprit aussi que chaque chaîne de montagnes était le lieu unique des manifestations surprenantes de l'alliance perpétuelle des éléments et du monde végétal et animal, où l'homme ne devait être qu'un modeste invité de passage. Un invité qui n'essaie pas d'adapter les rythmes de vie de la montagne aux siens, mais cherche à les comprendre et à n'emporter avec lui que le souvenir de son immense beauté : courbes harmonieuses de ses vastes étendues de neige et de glace, teinte bleu-vert de l'eau de fonte de ses glaciers, émergence de ses pics au-dessus d'une mer de nuages, éclosion de tapis de crocus printaniers sur ses derniers lambeaux de neige, ou dentelles de lichens dessinant sur ses roches d'étranges cartes géographiques.

Cette nature grandiose, le photographe Jiří Havel l'a observée lors de ses multiples randonnées en moyenne et haute montagne dans le monde entier et en a saisi toute la beauté à travers son objectif. Les images qu'il nous offre reflètent admirablement sa passion pour cet univers fascinant.

Chaque massif montagneux génère une vie qui lui est propre, inimitable, et il serait difficile de trouver deux montagnes parfaitement identiques à la surface du globe. Cette originalité ne dépend pas seulement de l'altitude de leur point culminant mais de l'aspect unique de leurs pentes, de la végétation qui les recouvre, et du cheminement particulier des cours d'eau et glaciers qui, avec le vent, les ont modelées au fil du temps.

Vouloir choisir parmi toutes les formations montagneuses celle qui serait la plus représentative de l'ensemble des montagnes du globe est parfaitement utopique, puisqu'il n'existe pas deux montagnes semblables.

Nous n'avons pas non plus la prétention d'affirmer que les massifs présentés ici sont les seuls dignes d'intérêt.

Si nous avons accordé la première place aux monts des Géants, c'est parce qu'ils nous sont les plus familiers et que nous y avons découvert pour la première fois la beauté stupéfiante du paysage montagnard et appris à connaître les lois de la vie naturelle qu'ils abritent.

Les monts des Géants sont d'anciennes montagnes hercyniennes à la frontière de la République tchèque et de la Pologne, dont la situation bio-géographique a eu une influence marquée sur le développement de la faune et de la flore d'Europe centrale au cours des dernières périodes glaciaire et postglaciaire. Leur point culminant est le Sněžka (1 602 m). Ils sont caractérisés par des sommets arrondis et des hauts plateaux à base de gneiss, granite, schistes micacés et phyllites, un modelage glaciaire et fluvial (dû à l'action des anciens glaciers et des cours d'eau), des pentes recouvertes d'épicéas et de pins de montagne. Leurs crêtes portent des tourbières subarctiques et leurs prairies alpines recèlent de nombreuses espèces endémiques et reliques glaciaires. Les monts des Géants font partie des massifs européens les plus fréquentés. Ils ont été classés parc national par la Pologne en 1959 et par la République tchèque en 1963.

Les Tatras constituent la partie la plus haute du grand arc montagneux des Carpates (1 500 km). Elles culminent au pic de Gerlachovka (2 655 m), s'étendant sur environ 800 km² à la frontière de la Pologne et de la Slovaquie. Il s'agit d'un massif assez récent, contemporain du plissement alpin tertiaire. La forte glaciation du Pléistocène y a créé un relief accidenté de haute montagne, la partie centrale granitique abritant plus de cent vingt lacs glaciaires. Les sites périphériques, en majorité calcaires, accueillent une flore très variée. Sur les cimes rocheuses, on peut observer une race particulière de chamois, des marmottes et, plus rarement, des aigles royaux. Les Tatras ont été classées parc national en 1949.

Les Alpes sont le plus vaste système de hautes montagnes d'Europe. Elles s'étendent sur les territoires français, italien, suisse, allemand, autrichien et slovène. La glaciation y est encore importante. Elles abritent le plus haut sommet d'Europe, le mont Blanc (4 807 m). Des reliefs très divers témoignent de leur variété géologique : Cervin (granite), Grossglockner (gneiss), Watzmann, Triglav (calcaire), Marmolada (dolomie). On y trouve de nombreux parcs nationaux avec une faune et une flore d'une grande richesse (Parc national suisse, parcs du Grand Paradis, de la Vanoise, du Triglav, de Berchtesgaden, des Hohe Tauern, etc.).

Le Caucase forme une barrière montagneuse de plus de 1 000 km de la mer Noire à la mer Caspienne, frontière naturelle entre l'Europe et l'Asie et trait d'union entre les Alpes et l'Himalaya. Son processus de formation – incluant une intense activité volcanique – date de l'ère tertiaire. Il culmine à l'Elbrouz (5 363 m), qui est un volcan éteint, bien que l'ensemble du territoire soit encore soumis aujourd'hui à des phénomènes tectoniques. On y compte plus de cent glaciers, dont vingt-deux partent du sommet de l'Elbrouz, atteignant jusqu'à 400 m d'épaisseur. À 2 000 m, l'étage de la forêt n'y est pas délimité par des pins de montagne, mais par des rhododendrons, bouleaux et genévriers, qui laissent ensuite la place aux prairies alpines, connues pour l'étonnante richesse de leur flore.

L'Himalaya, la chaîne la plus récente de la planète, se déploie sur près de 3 000 km, traversant le Pakistan, l'Inde, la Chine et le Népal. Elle compte dix des quatorze sommets du monde (de plus de 8 000 m) dont le plus élevé, l'Everest (8 848 m). C'est une gigantesque barrière de roches et de glaces séparant les hauts plateaux tibétains des plaines fertiles de l'Inde. Sa faune et sa flore sont parmi les plus belles qui soient. On retrouve, sur ses versants sud, toutes les grandes zones de végétation, de la forêt tropicale à la toundra recouverte de lichens, à la limite inférieure des neiges.

La chaîne de l'Atlas s'étend au nord-ouest de l'Afrique. Elle est née d'un plissement contemporain à celui des Alpes et rappelle un peu les hauts massifs montagneux du sud de l'Europe. Les montagnes sahariennes – le Hoggar, le Tassili des Ajjer ou le Tibesti –, d'origine volcanique, offrent des paysages lunaires au relief déchiqueté résultant de conditions climatiques extrêmes. Les volcans d'Afrique équatoriale, les hautes montagnes tropicales comme le Ruwenzori, le mont Kenya, le Virunga ou le Kilimandjaro (5 963 m), point culminant de l'Afrique, présentent des aspects différents.

Véritable épine dorsale du continent nord-américain, une longue cordillère le parcourt du nord au sud, longeant sa côte occidentale et s'étendant sur les États-Unis, le Canada, le Mexique et l'Amérique centrale. Elle culmine au mont McKinley (6 194 m). Sa formation date de la fin du secondaire et du début du tertiaire. La forte empreinte glaciaire laissée sur son relief a été modifiée en de nombreux endroits par l'activité volcanique. Elle comprend la chaîne de l'Alaska, les montagnes Rocheuses, la chaîne des Cascades, la sierra Nevada, la Chaîne côtière et la sierra Madre, avec les légendaires volcans mexicains (pic d'Orizaba à 5 700 m et Popocatepetl à 5 420 m), de nombreux parcs nationaux très appréciés des touristes, comme celui de Jasper, Yellowstone, Yosemite, mais aussi du Grand Canyon, du Bryce Canon et autres zones désertiques préservées.

La cordillère des Andes est la plus longue chaîne montagneuse du monde, s'étendant sur près de 8 000 km en Amérique du Sud, de la Colombie et du Venezuela jusqu'au cap Horn en Terre de Feu, à l'extrémité sud du continent. Née d'un plissement au secondaire, elle a connu ensuite une intense activité volcanique, dont témoignent de nombreux cônes très élevés, comme celui du Chimborazo (6 287 m) en Équateur. C'est en Argentine qu'elle culmine avec l'Aconcagua (6 960 m), le plus haut sommet de l'hémisphère Sud, contemporain des Andes patagoniennes au Chili dont les pics granitiques du Fitzroy et du Cerro Torre attirent tant d'alpinistes.

Larges sommets arrondis et vallées basses caractérisent les massifs montagneux les plus anciens, issus du plissement primaire, comme ici les monts des Géants. Quand, par inversion thermique, la vallée de la Česká Kotlina est inondée de brouillard et de nuages bas, ils se dressent comme une muraille au nord de la Bohême.

◄◄ Les Alpes juliennes, datant d'un plissement secondaire, présentent un aspect totalement différent (massif du Robičje, vu du versant de la Mojstranka).

14

L'érosion par les glaciers et par le gel a laissé ses empreintes sur les Hautes Tatras, dont la longue arête granitique de 26 km de long et de 2 250 m de haut s'étend du nord au sud et renferme un grand nombre de fourches. À l'ère tertiaire, durant la période glaciaire (Pléistocène), des langues glaciaires de 14 km de long recouvraient leurs versants nord. Une vue de Lomnický Štít et Kežmarský Štít (à gauche) dans le massif du Tatras à partir de Volovec.

Aujourd'hui encore, glaciers suspendus et glaciers de vallée modèlent le relief de la plus haute montagne d'Europe, le mont Blanc (4 807 m), à la frontière franco-italienne (vue du massif à partir de la vallée de la Dera di Veni, en Italie, à gauche). Le relief accidenté des Alpes juliennes, composées essentiellement de calcaires et de dolomie, porte l'empreinte évidente de l'érosion intensive par l'eau.

Le point culminant de la partie centrale du Caucase est l'Elbrouz, un volcan éteint à double sommet (un pic occidental de 5 595 m et un pic oriental de 5 633 m – à droite). À 4 500 m d'altitude se trouve le refuge Priyut II, qui est non seulement le point de départ de courses en montagne, mais offre un superbe point de vue sur le cœur du massif caucasien avec l'Ushba (4 695 m) et le Dongus (4 452 m en haut). La surface des névés et des glaciers est recouverte de poussière minérale qui en active la fonte, formant un microrelief caractérisé par de profonds sillons.

Paysage sculpté par les glaciers à proximité du plus haut sommet du monde (8 848 m), qui n'était iden-
tifié jusqu'en 1852 que par le code XV et ne fut baptisé "Everest" qu'en 1856, quand on détermina par des
relevés qu'il s'agissait du point culminant de la Terre. Il fut conquis pour la première fois par un couple
devenu légendaire, sir Edmund Hillary et son sherpa Tensing Norkey.
Le Nachhapuchare (6 997 m – "Fish Tail", ou Cervin de l'Himalaya) fait partie des montagnes sacrées du
Népal – vue prise de la jungle subtropicale ou "terai", près de Pokhara.

La cime recouverte de neige et de glace du Kilimandjaro (5 963 m) domine la zone des savanes et la forêt tropicale humide. D'une envergure exceptionnelle (60 x 40 km), ce volcan éteint culmine au pic Kibo.
À 150 km au nord de Nairobi, capitale du Kenya, se trouve un autre massif volcanique culminant à 5 199 m, le mont Kenya, aux pentes recouvertes de plusieurs glaciers.

Les Andes patagoniennes, à l'extrémité sud du continent américain, sont nées d'un plissement à l'ère tertiaire.

On y trouve de splendides lacs glaciaires, des forêts de Northofagus (hêtres à feuillage persistant) et les extraordinaires flèches granitiques du Cerro Torre (à gauche) et du Fitzroy (3 128 m et 3 340 m).

Un profond canyon, des forêts mixtes, des cascades et d'impressionnantes murailles granitiques abritant les fameux sommets El Capitan et Half Dome (voir photographie au verso) composent le paysage exceptionnel du parc national le plus populaire de la Californie, le Yosemite National Park.
Le parc national de Bryce Canyon, dans l'Utah, se singularise par des milliers de piliers rocheux de toutes tailles, modelés par l'eau et le vent dans des calcaires et des dolomies aux teintes variées.

3. LES TÉMOINS DES PREMIERS TEMPS

Le sol des montagnes est un excellent témoin de la transformation de la Terre depuis les temps géologiques les plus reculés. Depuis les époques archéozoïque (Précambrien) et paléozoïque (Primaire) où les premiers massifs montagneux sont nés des gigantesques plissements calédonien et varisque (hercyniens) jusqu'à l'époque actuelle. Plus les chaînes sont anciennes, plus longue a été leur soumission aux divers facteurs susceptibles d'en modifier la physionomie. Les vieilles montagnes hercyniennes d'Europe centrale en sont un bon exemple. Les Sudètes, le massif de la Forêt-Noire ou le Massif central ont subi durant des centaines de millions d'années des compressions, érosions, nivellements répétés et, beaucoup plus tard, lors du mouvement tectonique qui s'est produit, au Tertiaire, le long des failles, un soulèvement qui leur a donné leur altitude actuelle. L'érosion fluviale accrue du Tertiaire et l'érosion glaciaire du Quaternaire ont émoussé les sommets et les vallées de ces massifs hercyniens. On y trouve rarement les escarpements rocheux qui caractérisent les montagnes de formation plus récente (fin du Secondaire-début du Tertiaire) comme les Pyrénées, les Alpes, les Carpates (ou Dinarides), le Caucase, l'Himalaya ou les cordillères américaines.

L'Himalaya est le système montagneux le plus élevé du monde, mais aussi le plus récent. Il est apparu il y a environ 25 millions d'années, lorsque la plaque continentale indienne est entrée en collision avec la plaque continentale asiatique, soulevant des sédiments océaniques jusqu'à 8 km au-dessus du niveau de la mer. Des ammonites et des lis de mer fossilisés, témoins de cette époque, ont été retrouvés sous les sommets des géants himalayens.

Des contours d'une montagne ou de l'aspect d'un versant érodé, un géologue confirmé peut déduire les épisodes successifs de la formation d'un massif il y a des centaines de millions d'années. Les plus belles archives géologiques sont sans doute celles que l'on doit au fleuve Colorado, qui a creusé, parfois jusqu'à 1 600 m de profondeur, la gorge la plus spectaculaire du monde : le Grand Canyon. Ses parois sont un festival de couleurs, de jeux d'ombre et de lumière. Gneiss, schistes, granites, grès et calcaires composent l'ouvrage le mieux illustré de deux milliards d'années de l'histoire géologique du nord-ouest de l'Arizona.

31

L'eau est le principal facteur d'érosion chimique et mécanique des roches. Il n'existe pas de solvant naturel plus puissant. Mais son efficacité dépend toutefois de la dureté et de la composition chimique de la roche attaquée et des conditions climatiques locales. Ainsi, le granite, réputé pour sa dureté, résiste mieux à l'action chimique que le calcaire, le grès ou le schiste. Toutefois, il comporte des fentes et des fissures où l'eau s'infiltre, se solidifie et se dilate quand il gèle. Ces coins de glace ont alors facilement raison des roches les plus dures, faisant éclater les parois de granite et les désagrégeant en fragments qui s'accumulent au pied des pentes et dans les vallées.

L'érosion par le gel joue un rôle prépondérant dans le modelage des roches ignées, notamment en haute montagne. Les parois des Rocheuses, des Alpes, des Tatras, du Caucase ou de l'Himalaya offrent des reliefs beaucoup plus accidentés que celles constituées de roches sédimentaires : grès, calcaire ou dolomie. L'eau acidifiée par le dioxyde de carbone attaque au contraire ces dernières en y creusant de nombreuses cavités souterraines qui, après effondrement, sculptent la montagne en canyons, gorges, éperons, arches, klippes, lapiés et dolines. Au pied de ces reliefs karstiques, l'eau n'est visible qu'à l'époque de la fonte des neiges ou des fortes pluies d'été. Sinon, elle s'infiltre dans le sol pour ne réapparaître que bien plus bas, au pied des contreforts des massifs, là où les couches rocheuses sont plus perméables.

L'action destructrice de l'eau sur les calcaires est renforcée par celle du vent, qui modèle les rochers en leur donnant des formes étranges. Le sculpteur le plus génial ne pourrait créer des œuvres aussi grandioses que celles que nous offre la nature dans le parc national de Monument Valley, à la frontière de l'Arizona et de l'Utah, ou du Tassili, en Algérie.

Les roches n'ont pas toutes la même dureté et donc la même résistance à l'érosion. Certaines sont altérées plus rapidement que d'autres, ce qui explique que les parois rocheuses présentent des différences de reliefs, mais aussi de teintes, selon que leurs couches contiennent du fer, du calcium, du sodium, du manganèse, du magnésium ou d'autres éléments chimiques ou leurs composés.

Les reliefs d'origine volcanique ont des physionomies variées – formes coniques classiques de l'Etna, du Fuji-Yama ou du Chimborazo, qui dévoilent clairement leur passé, ou silhouettes plus étranges des tufs et autres roches volcaniques modelés par le vent et l'eau dans la vallée de Göreme en Turquie. Ou encore, totalement différents, les reliefs résiduels sous forme de colonnes prismatiques en basalte du paysage lunaire du Hoggar, en Algérie.

Ainsi, la structure des montagnes ne résulte pas d'un hasard chaotique, mais de strictes lois naturelles. Le cycle complexe de formation des reliefs se poursuit encore aujourd'hui, et les phénomènes considérés par l'homme comme des catastrophes naturelles – éruptions volcaniques, séismes ou gigantesques glissements de terrain – prouvent tout simplement que notre planète ne cesse d'évoluer depuis 4,5 milliards d'années.

Les mauvaises conditions climatiques des Andes patagoniennes sont manifestes sur cette vue du Poice-note et du Fitzroy (en haut). Le labyrinthe des parois alpines n'est pas plus engageant, comme le montre cette vue de la Dent des Géants et des Grandes Jorasses dans le massif du Mont-Blanc.
◄◄ Alpes juliennes - Petit Mangrt (2 259 m).

Les vallées glaciaires en auge sont un des traits dominants des Hautes Tatras (vallée Mengusovska, en haut). Le cirque glaciaire de Velká Sněžná Jáma, comme les treize autres cirques glaciaires de leurs versants bohémien et polonais contrastent par la verticalité et le caractère accidenté de leurs parois avec les lignes basses et douces des monts des Géants.

36

Certains sommets et vallées des Tatras peuvent avoir l'allure émoussée de massifs hercyniens, surtout lors-qu'ils sont recouverts de prairies alpines, comme c'est le cas du Roháče (dans les Tatras occidentales), à gauche ou des versants de la vallée de la Jamnicka. La légère ondulation du tapis végétal masque le brassage intensif que connaît le sol sous l'action du gel et du dégel. On trouve dans les Tatras certaines formations typiques des sols gelés, dont les plus courantes sont les buttes gazonnées (mamelons) et "garlands".

Lapiés et dolines résultent de l'action érosive de l'eau dans les hautes montagnes calcaires. Les dépressions superficielles comblées d'humus favorisent l'enracinement de diverses plantes d'altitude. Avec le temps, elles finissent par abriter de splendides collections d'espèces alpines. Tel est le visage que présente la nature aux environs du Mangrt (en haut) ou à proximité de la station supérieure du téléphérique de Bovec (Alpes juliennes).

Des écarts extrêmes de température, associés à l'érosion de l'eau et du vent, ont modelé dans les parois calcaires du parc national de Bryce Canyon de nombreux piliers que les visiteurs assimilent parfois à d'étranges créatures.

Le vent, la pluie, la neige et la glace ont sculpté dans le grès du parc national des Arches, dans l'Utah, un univers fantastique d'arches, de trouées et de portes ("The Delicate Arch" et les sommets enneigés du massif de La Sal).

Seule une vue dominante du Bryce Canyon (en haut) peut révéler l'étonnant travail réalisé depuis des milliers d'années par les forces géologiques externes dans cette région et la mesure de leur intensité ; en leur absence, la Devil's Tower (Tour du Diable), relief basaltique du Montana, aurait conservé l'aspect, bien différent, qu'elle avait à la fin de la période d'activité volcanique du Tertiaire.

4.

AU ROYAUME DES GLACES
ET DES NEIGES ÉTERNELLES

La neige et la glace jouent un rôle essentiel dans le modelage du relief et la composition de la faune et de la flore de montagne. Une étude détaillée de l'épaisseur, de la structure, du mouvement et de la persistance de la couche de neige ou de glace permet de comprendre ce qui règle la pulsation de la vie dans ce milieu naturel.

Plus on s'élève en altitude, plus les précipitations tombent sous forme de neige. Ainsi, dans les Alpes, à plus de 3 000 m, il neige pendant plus de six mois et, la couche neigeuse persiste toute l'année. Cette chute de neige et la formation du manteau neigeux qui en résulte est l'événement le plus marquant de la vie montagnarde. Les cristaux de neige, dont les formes intriguaient déjà Aristote, recouvrent le sol, par temps calme, d'une couche de neige plus ou moins épaisse. Mais c'est surtout le vent qui redistribue cette neige à sa façon, en l'entraînant, la soulevant et l'accumulant à divers endroits. En hiver, la couverture neigeuse protège parfaitement les organismes vivants des fortes gelées et des vents violents. Elle freine aussi l'évaporation de l'eau contenue dans les tissus des végétaux, quand leurs racines ne peuvent plus la puiser dans le sol gelé. Il faut que le sol soit recouvert de plusieurs dizaines de centimètres de neige pour ne pas geler. La vie y conserve alors toute son activité et les processus de décomposition microbienne qui l'enrichissent en humus se poursuivent. La différence de qualité du sol entre les pentes exposées au vent et celles qui en sont abritées est bien connue des naturalistes, car elle influe sur la composition de la faune et de la flore.

Certains végétaux, qualifiés de "chionophobes", ne supportent pas un enneigement important, tandis que d'autres, appelés "chionophiles" l'apprécient au contraire. Le premier groupe comprend les laiches, joncs, mousses et lichens, le second les plantes qui fleurissent en début d'été sur les dernières plaques de neige – gentianes, gnaphales ou renoncules des glaciers dont la floraison égaie la monotonie des tapis de mousses vivant en milieu froid. L'eau de fonte des neiges sature les sources souterraines et l'évaporation du sol détrempé maintient, durant tout l'été, un taux d'humidité élevé dont bénéficient les plantes.

Aux altitudes supérieures, mais aussi dans les grandes cuvettes à l'abri du vent et du soleil, il s'accumule parfois tant de neige qu'elle ne peut fondre durant le court été montagnard. L'hiver suivant, une nouvelle couche la recouvre. Au fil des années, les couches successives forment un névé dont la base se tasse en une glace grossière. Sous l'effet de la gravité, cette glace finit par glisser vers le bas et devient dure et compacte. C'est le début de la formation d'un glacier, qui va, en s'écoulant, raboter les versants de la montagne et le fond des vallées (la pression peut atteindre 2 à 4 t au dm^2) auxquelles il donne un profil caractéristique en U (en auge). Les glaciers progressent à des rythmes différents, de quelques centimètres à plusieurs mètres par jour. Ainsi, la vitesse d'écoulement du glacier Black Rapids, en Alaska, a atteint 60 m par jour et celle du Kutiah, dans le massif du Karakoram, plus de 100 m par jour en 1953.

Dans le fond des vallées, là où naissent les glaciers, se forment d'immenses amphithéâtres rocheux – les cirques glaciaires. Les blocs de pierre emprisonnés sous les glaciers et charriés par ceux-ci labourent littéralement le substrat. En progressant, les glaciers accumulent devant eux et sur les côtés d'énormes bourrelets de matériaux hétérogènes, les moraines. Elles cloisonnent parfois si parfaitement les vallées qu'après régression des glaciers, l'eau provenant de la fonte des glaces et des neiges reste prisonnière, formant des lacs glaciaires, véritables joyaux des montagnes. Cette eau extrêmement froide, d'un bleu-vert limpide, abrite certains insectes d'eau, mais rarement des poissons. Sur le fond de certains lacs glaciaires européens pousse une fougère aquatique d'une grande rareté, l'isoète (*Isoetes lacustris*).

La colonisation d'anciennes moraines glaciaires stabilisées est un parfait exemple du travail de pionnier de la flore montagnarde. Certaines espèces, comme les lichens, permettent aux naturalistes de dater avec précision les grandes époques glaciaires ou de déterminer le rythme de progression des glaciers. Même à la surface des glaciers et des névés, la vie se manifeste. Des colorations rouges, vertes, jaunes ou brunes en certains endroits y révèlent la présence de micro-organismes, notamment d'algues, qui trouvent là un milieu de développement idéal, mais aussi de minuscules insectes, comme les puces et les mouches des glaciers.

Les cirques glaciaires sont le théâtre majestueux de phénomènes spectaculaires – chutes d'avalanches, éboulement de roches détachées par le gel, écoulement du glacier, lente reptation des débris rocheux sur les versants. Il y règne un microclimat qui favorise le développement d'une flore dont l'exubérance et la variété ne se retrouvent en aucun autre endroit de la montagne. Les cirques sont comparables, sans exagération excessive, à de petits jardins botaniques : fourrés de fougères, prairies alpines inondées regorgeant de fleurs, bosquets sinueux d'arbres de montagne, sources et tourbières en font de véritables sanctuaires naturels dont le contenu est le résultat de l'harmonie remarquable des éléments : vent, neige, avalanches et glaciers. Sans leur action passée et présente, la montagne ne recèlerait pas ces lieux uniques.

Bien que certains phénomènes naturels destructeurs, comme les avalanches, semblent à première vue nuisibles, on comprend tôt ou tard qu'ils jouent un rôle irremplaçable dans l'équilibre de la vie en montagne et qu'il ne faut pas les empêcher par des techniques sophistiquées. L'homme devrait se contenter d'observer et de comprendre cette éternelle lutte entre les éléments et la vie naturelle, sans chercher à intervenir.

Dans le milieu rude des étages les plus élevés – subnival et nival – des hautes montagnes, arbres et arbustes cèdent la place à de robustes graminées et des plantes à spores. Les neiges éternelles alimentent la masse mouvante des glaciers.

On trouve ce type de paysage sous le sommet de l'Ama Dablam (p. 46), dans l'Himalaya (6 856 m), sur les versants sud du massif du Mont-Blanc (à gauche) ou les pentes recouvertes de glace du Sofrudju et du Belayasa, dans le Caucase occidental (en haut).

Le vent façonne sur les crêtes des dunes de neige éphémères, semblables à celles des déserts de sable. Toutefois, la neige possède des propriétés totalement différentes et joue un rôle essentiel dans le milieu naturel montagnard.

Congères sur le Luční Hora, dans les monts des Géants (1 547 m), et sur les pentes des Basses Tatras, près de Chabenec (1 955 m) – en haut.

La neige brassée et transportée par le vent s'accumule sous forme de corniches de plusieurs mètres de haut, souvent à l'origine du départ d'avalanches, sur les versants sous le vent. Sur les crêtes des monts des Géants, les cavités rocheuses bordant les cirques glaciaires des versants sous le vent entraînent la formation de congères et de corniches (Studniční Hora et Úpská Jáma, 1 554 m).

La présence de neige et de glace dans les montagnes affecte de façon importante la température de l'air, de l'eau et du sol. Ces conditions conviennent à des espèces résistantes comme l'*Huperzia selago* (1), les rhododendrons et orpins de l'Himalaya (Rhodiola, Rhododendron - 2), les lichens du genre *Cladonia* (3), les armoises (*Artemisia*), les espèces en coussinet du genre *Kobresia* (4), certains polytrics (*Polytrichum* - 5) ou gnaphales (*Gnaphalium* - 6).

Même en marge du glacier géant Moreno (Andes patagoniennes) fleurit un petit arbuste du genre *Embothrium coccineum* (page à gauche).

1	2	3
4	5	6

1 2 3
4 5 6
7

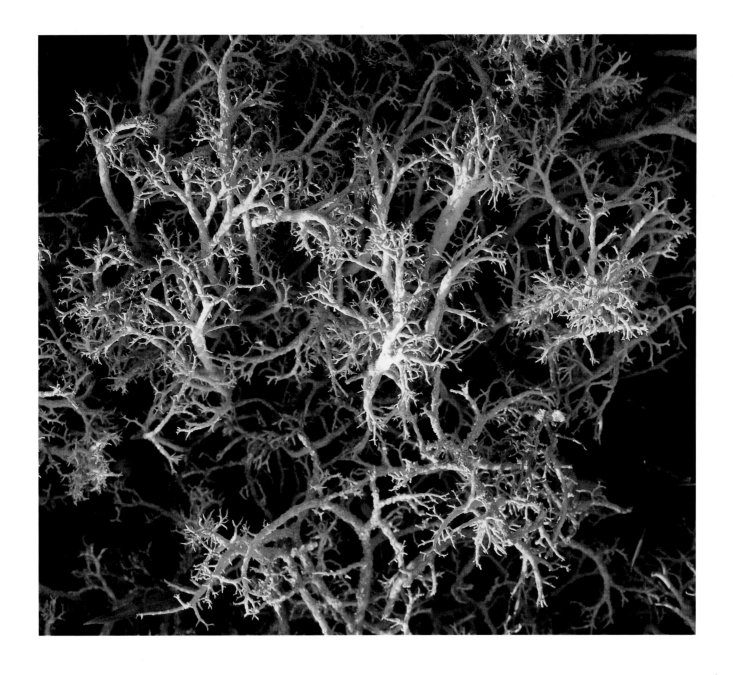

Les plus robustes sont encore les plantes de névés apparaissant en fin d'été : crocus blanc (*Crocus albiflorus* - 1, saule herbacé (*Salix herbacea*) et saule réticulé (*Salix reticulata* - 2), renoncule des glaciers (*Ranunculus glacialis*) - 3), andromèdes (*Petasites* - 4), serratule de l'Himalaya (*Saussurea* - 5), gentiane des neiges (*Gentiana frigida* - 6), cardamine d'Opiz (*Cardamine opizii* - 7) ou lichens du genre *Cladonia*, en haut.

L'eau de fonte des névés et des glaciers sature les lacs glaciaires, maintenant en vie leur faune et leur flore assez modestes.

Elle contribue à conserver au milieu de la haute montagne son caractère particulier.

Le "Lac des sœurs", dans la Velká Studená Dolina (vallée des Tatras) – à gauche ; Lago Bianco dans le parc national du Stelvio (en Italie).

5. L'EMPREINTE DES COURS D'EAU, DES GLACIERS ET DES AVALANCHES

Les massifs montagneux sont la preuve concrète de l'alliance de forces endogènes, qui les ont créés au cours des différentes périodes géologiques – de l'Archéen au Quaternaire –, et de forces exogènes, qui en ont modelé les contours pour leur donner leur aspect actuel, qui n'est pas encore définitif.

Si, dans les temps géologiques les plus reculés, la physionomie des montagnes a été marquée par les érosions chimique et éolienne, l'ère tertiaire a été caractérisée par l'action de l'eau. Aucun autre élément ne rivalise en vigueur et en constance avec l'eau, sous sa forme liquide ou solide, quand il s'agit de buriner la face des montagnes.

Les précipitations tombent en majorité sur les reliefs. L'eau de pluie ou de fonte des neiges ruisselle sur leurs pentes, d'abord en minces filets qui se rejoignent ensuite pour former des cours d'eau de plus en plus importants dont l'énergie cinétique augmente sans cesse sous l'effet de la gravité. L'action de cette eau sur la montagne dépend du degré de la pente, de sa longueur, de la dureté de la roche sous-jacente et de la structure géologique du terrain. Dans la plupart des cas, elle entaille profondément le soubassement et y modèle des vallées en V.

Ruisseaux et torrents, dans leur cheminement vers la partie inférieure du massif, charrient des fragments rocheux de différentes tailles – blocs, pierres, cailloux, graviers et sables – qu'ils déposent plus bas sous forme de cônes et de terrasses alluviales. Les plaines alluviales sont peuplées d'une faune et d'une flore remarquables, dont la présence est liée à une alimentation suffisante en eau et à l'apport régulier d'éléments nutritifs lors de leur lessivage annuel. Dans l'Himalaya, les paysans tirent parti de cet engrais naturel en cultivant les terrasses alluviales.

Cependant, même très violent, un cours d'eau ne peut éroder une roche très dure. S'il rencontre un tel obstacle sur son passage, il sort de son lit pour le contourner à la recherche d'une roche plus facile à attaquer, mettant alors en relief une barre rocheuse qui donnera ensuite naissance à une cascade. Celle-ci peut éroder le lit de la rivière en amont comme en aval. L'érosion en amont, dite "régressive", crée, derrière le rideau de la cascade, un abri-sous-roche, phénomène observable aux chutes du Niagara, de l'Iguaçu ou aux chutes Victoria. La rivière peut ainsi creuser son lit vers l'arrière au rythme de 1 m par siècle.

En dévalant la montagne, l'eau franchit des barres rocheuses et des amas de blocs, en une succession de rapides et de cascades développant une énorme énergie, dont témoignent les galets roulés et les cailloux de son lit.

À des altitudes plus élevées, elle s'accumule sous forme de neige, parfois sur plusieurs mètres d'épaisseur. Avec les variations de température, de pression atmosphérique et de taux d'humidité, des couches de neiges de qualités différentes se superposent dont certaines, peu à peu tassées en glace, peuvent servir de plans de glissement aux énormes masses neigeuses sans cesse accumulées. Irrémédiablement, ces masses, dont le volume atteint des dizaines de millions de mètres cubes, finissent par se détacher des pentes les plus raides. Ces avalanches peuvent atteindre une vitesse de 75 m par seconde et la pression exercée par leur front peut être comprise entre 5 et 50 t/m^2. Elles engendrent en outre une onde de choc ou effet de surpression atmosphérique de 0,5 t/m^2. Elles ensevelissent, endommagent ou détruisent tout sur leur passage – arbres et plantes, mais aussi habitations ou randonneurs imprudents. Les dégâts sont plus ou moins importants selon qu'il s'agit d'une avalanche de plaque ou de névé, superficielle, ou d'une avalanche de fond qui entraîne avec elle la couche superficielle du sol, dénudant le substrat rocheux.

Depuis des milliers d'années, les avalanches limitent l'extension des forêts, à l'ombre desquelles les plantes aimant le soleil ne pourraient survivre. Ce sont des facteurs naturels de modelage du paysage montagnard et ceux qui fréquentent habituellement ce milieu, montagnards ou naturalistes, connaissent bien l'emplacement des couloirs d'avalanches. En certains endroits, il faut reconnaître qu'elles représentent un réel danger pour les résidents ou visiteurs occasionnels, notamment là où l'homme a facilité leur passage en déboisant inconsidérément des pentes raides alors que la forêt constituait le meilleur moyen de les prévenir. Il faudrait que l'homme fasse enfin la distinction entre les avalanches salutaires, parce qu'elles jouent un rôle indispensable dans la préservation du paysage, et celles qu'il faut empêcher parce qu'elles sont inutilement destructrices.

Les masses neigeuses ne sont pas les seules à dévaler les pentes l'hiver. Elles sont accompagnées de coulées de blocs et débris rocheux, dont les traces marquent le visage de toutes les hautes montagnes à longues pentes. Ces coulées représentent un danger caché pour les populations locales, surtout dans les zones d'importante activité sismique. On ne peut oublier l'énorme coulée de boues et de roches qui a dévalé le versant nord de l'Huascaran au Pérou en 1970, faisant 70 000 victimes dans la vallée de la Santa River.

Les massifs n'acquièrent un relief de haute montagne qu'après avoir été modelés par les glaciers. De nos jours, ceux-ci recouvrent environ 10 pour cent des continents, principalement sous la forme des vastes calottes glaciaires du Groenland et du continent Antarctique. Néanmoins, les glaciers de vallée ou glaciers suspendus anciens ou actuels ont laissé leur empreinte sur tous les plus hauts sommets du monde. Leur masse progresse à partir des bassins d'alimentation dans les cirques glaciaires et entaille sur son passage des vallées profondes au profil transversal typique en U.

La longueur et l'épaisseur des glaciers alpins varient. L'un des plus grands glaciers européens, la mer de Glace, dans le massif du Mont-Blanc, fait 13 km de long, 2 km de large et 150 m d'épaisseur. Mais ce n'est rien en comparaison des glaciers des massifs du Karakoram, du Pamir ou du Tien-Shan en Asie centrale, dont la longueur peut atteindre 70 km.

Bien que la glace soit une matière cristalline solide, elle peut, sous une pression régulière, se déformer et contourner les obstacles. Ainsi, la vitesse de progression du glacier dépend de son épaisseur, de l'inclinaison de la pente, du profil transversal et des inégalités du terrain et, bien sûr, de la température. Sur leur passage, les glaciers rabotent le substrat rocheux, découpant des pics et des arêtes acérés, façonnant des vallées en auge et accumulant en divers endroits des matériaux arrachés à la montagne, sous forme de moraines qui, contrairement aux alluvions, sont un amas non trié de blocs, de cailloux, de graviers, de sables et d'argile. Les énormes pressions internes du glacier y forment de profondes crevasses, d'impressionnantes cascades de glace ou les étonnantes aiguilles pointues des séracs. Les glaciers offrent un spectacle aussi intense et dynamique que celui des torrents les plus impétueux.

L'eau laisse alors son empreinte dans toutes les montagnes : moraines, terrasses alluviales, vallées en auge, arêtes, éperons, aiguilles, dalles, piliers, cônes rocheux, corniches, cols, gradins, ravins, grottes... témoignent de son cheminement au fil du temps sous forme de ruisseaux, de torrents, de rivières, mais aussi d'avalanches et de glaciers.

◄◄ Des centaines de rivières himalayennes prennent leur source à la limite des neiges éternelles, glaciers recouverts de débris rocheux ou moraines glaciaires (paysage du Khumbu Himal).

Les cours d'eau remodèlent les larges vallées glaciaires (lacs en cours d'assèchement avec accumulation des alluvions en contrebas, sur le versant italien du Mont-Blanc – en haut) et franchissent aisément les obstacles que sont les névés ou les cônes d'avalanches (vallée au pied du Tchéget, partie centrale du Caucase).

66

Au cours de milliers d'années, centimètre par centimètre, certains cours d'eau creusent leur lit vers l'amont lorsque les chutes d'eau, ponctuant leur cours, rencontrent un substrat rocheux plus tendre ; cette érosion "régressive" creuse des abris-sous-roche derrière les cascades. C'est le cas des chutes du parc national de Yosemite (à gauche) ou de celles de l'Iguaçu en Argentine (en haut).

▶▶ Les alluvions déposées par l'eau témoignent de tout ce qui s'est passé dans le cours supérieur du fleuve : quelles couches géologiques il a traversées, quelles plantes poussent aux altitudes supérieures (les imposants dépôts alluviaux de la Modi Khola dans l'Himalaya, à droite, contrastent avec l'ensemble des terrasses alluviales de l'Usengi, dans le Caucase - à gauche).

Tous les versants montagneux au degré d'inclinaison compris entre 28° et 45° sont des couloirs d'avalanches potentiels. Toutefois, le déclenchement d'une avalanche dépend de nombreux facteurs.

Couloirs d'avalanches sur les versants de Nízké Tatry (Basses Tatras) (à gauche) et corniches de neige sur le point de céder sur Pančavská Jáma, dans les monts des Géants.

La plupart des glaciers régressent actuellement dans le monde, en raison du réchauffement progressif du climat. Ce phénomène peut être observé dans l'Himalaya (une moraine de retrait est visible, en bas, sur les pentes du Pumori, comme sous les glaciers d'Amérique du Sud, d'Afrique ou du Caucase, par exemple, où le glacier occupant le haut de la vallée de la rivière Terskol a régressé jusqu'à une altitude assez élevée sur les pentes de l'Elbrouz – à droite).

Sous la contrainte des obstacles qu'ils rencontrent, les glaciers se déchirent en un labyrinthe complexe de crevasses et de séracs (le glacier Alibek, dans le Caucase occidental – en bas). En d'autres endroits, ils laissent l'empreinte de leur passage sous forme de roches striées ou polies, comme en témoigne la structure de la dalle granitique non loin du glacier Moreno, dans les Andes patagoniennes.

Si certains rochers et massifs rocheux conservent la forme qui leur a été donnée à l'époque lointaine de leur formation, leur surface n'en est pas moins modifiée au cours des âges. Toutes les forces physiques, tous les éléments régnant dans les montagnes y laissent leur marque. L'eau, la neige et la glace, associées aux variations de température, parviennent à fragmenter les couches superficielles des roches les plus dures. La roche mise à nu par l'érosion chimique et mécanique est alors soumise à l'érosion éolienne. Les particules les plus fines sont entraînées et déposées par le vent en d'autres endroits des parois rocheuses, offrant aux graines et aux germes d'organismes vivants, omniprésents, la possibilité de se développer.

Sur la surface exposée des roches, les spores et les filaments de champignons, les moisissures et les algues s'accrochent et commencent à se développer. Nés grâce à un processus de destruction de la roche, ils lui redonnent vie. Quand les conditions sont réunies pour que spores de champignons et algues germent ensemble, apparaissent d'autres espèces pionnières : les lichens. Ce sont des organismes doubles, résultant de l'association du mycélium d'un champignon et des cellules ou fibres d'une algue verte. Le champignon reçoit de l'algue les éléments nutritifs qu'elle tire de la photosynthèse et lui fournit à son tour de l'eau contenant des substances inorganiques dissoutes. Les lichens sécrètent diverses substances chimiques qui attaquent la surface des roches. De minuscules particules rocheuses se mélangent peu à peu à leurs résidus morts et à la poussière pour former une ébauche de sol. Bien qu'élémentaire, ce terreau primitif n'en constitue pas moins un maillon indispensable dans la chaîne de la vie.

À la surface des roches, dans les fissures et sur les petits replats où s'accumule ce terreau humide qu'ensemence le vent, des plantes vasculaires ne tardent pas à se développer. Leur système d'enracinement plus développé attaque les roches avec plus de vigueur. Offrant un environnement d'une grande variété, rochers et débris rocheux sont colonisés par de nombreux représentants de la flore montagnarde : lichens, mousses ou hépatiques (bryophytes), fougères (ptéridophytes), graminées, arbustes et arbres. Des végétaux souvent si étonnants par leur aspect et leur stratégie de survie, qu'ils méritent notre attention.

Les croûtes colorées recouvrant les rochers sont l'œuvre des lichens. Sur les roches siliceuses, c'est le lichen saxicole qui domine. En observant à la loupe la surface d'une roche ainsi colonisée, on y découvre tous les représentants de la famille des lichens, dont ceux, de teinte gris-vert, des genres *Lecidea* et *Lecanora*, avec leurs sporocarpes globulaires noirs caractéristiques, ceux du genre *Verrucaria*, les espèces nuancées du jaune à l'orangé du genre *Xanthoria* et celles, plus sombres, du lichen à thalles ombiliqués (*Umbillicaria*).

Les fissures rocheuses remplies d'humus sont rapidement colonisées. Les massifs calcaires ou dolomitiques, dont les roches sont facilement désagrégées par l'érosion, abritent une flore d'une grande richesse. Celle-ci est composée d'espèces qui ont dû lutter durement pour s'adapter aux conditions extrêmes de ces sites, où elles subissent des agressions permanentes. Elles poussent ici en tapis ou coussinets serrés : la surface de leurs feuilles est protégée de toute évaporation excessive, leurs racines épousent la forme et la longueur des fissures et sont assez vigoureuses pour détruire la compacité de la roche. Les espèces pionnières les plus courantes des terrains calcaires sont les joubarbes, saxifrages, silènes et œillets. Il n'est pas de plus beau spectacle en début de printemps que celui des immenses tapis de fleurs roses du saxifrage à feuilles opposées sur les pentes encore enneigées ou celui de la primevère qui a choisi, pour fleurir, la fente d'un rocher, une modestie qui nous étonnera toujours.

Feuilles duveteuses, larges corolles aux couleurs éclatantes, coussinets denses, racines exubérantes ne sont pas la manifestation de la beauté pour la beauté, mais témoignent de l'adaptation de la flore aux contraintes du milieu montagnard.

Des forces physiques et chimiques exercent leur action sur les parois rocheuses, en association avec des organismes vivants. L'aspect des montagnes se modifie sous leur influence. Les rochers se fragmentent, mais donnent naissance, plus bas, à de nouvelles formations – d'immenses cônes ou talus d'éboulis soigneusement classés par ordre de taille, poids et forme par la gravité. Le vent, la pluie, la neige et les avalanches déposent entre les fragments rocheux des particules de sol meuble qui engendrent l'humus nécessaire à la vie. Les graines ne font pas défaut et un nouveau chapitre de la lutte pour la conquête d'un espace vital s'ouvre dans la montagne.

C'est surtout dans les éboulis calcaires, dolomitiques ou basaltiques des Tatras, des Alpes ou du Caucase que l'on trouve les plus beaux joyaux de la flore montagnarde : séneçons, campanules, silènes, orpins, avoines, céraistes, hélianthèmes, laîches, pissenlits, renoncules...

Leur colonisation est plus ou moins importante, selon qu'ils sont récents et encore en évolution, ou anciens et stabilisés. Ce sont les espèces pionnières qui en se faufilant entre les éboulis ne renfermant pas encore de terre entament un processus de fixation, préparant la venue d'autres plantes, de plus en plus nombreuses. À la fin de ce stade de développement, la végétation s'étale naturellement vers le bas. Des espèces ligneuses, saules ou rhododendrons, s'installent à leur tour, faisant de l'ombre aux plantes basses aimant le soleil, qui régressent. Jusqu'à ce que la chute d'un bloc rocheux anéantisse ces arbustes et détériore la surface du sol. Un nouveau cycle recommence alors, car la terre renferme assez de graines et fragments multiplicateurs de végétaux qui attendent leur tour pour se développer. Nuisibles et destructeurs en apparence, les processus de désagrégation des roches, de chute des éboulis vers le bas des pentes et, bien sûr, d'érosion du sol sont en fait des phénomènes essentiels à l'équilibre du milieu montagnard. Sans eux, il n'atteindrait pas cette diversité qui fait notre admiration.

Qu'elles soient constituées de granite, de calcaire ou de basalte, les parois rocheuses sont rapidement colonisées par des associations complexes d'espèces pionnières, mais aussi des lichens, qui la désagrègent en surface. Les représentantes des genres *Rhizocarpon* (2, 4), *Xanthoria* (1, 3, 5 à la page ci-contre), *Umbilicaria* (4, 6), *Verrucaria* (4, 6), *Lecidea* (5, 6), *Lecanora* (3, 5, 6), *Parmelia* (3, 5, 6) et autres espèces animent la roche de leurs mosaïques colorées. Parmi elles, la petite primevère (*Primula minima*, p. 78), la primevère auricule (*Primula auricula* – 5) et la joubarbe "flagellée" (*Sempervivum soboliferum* – 6).

1	2	3
4	5	6

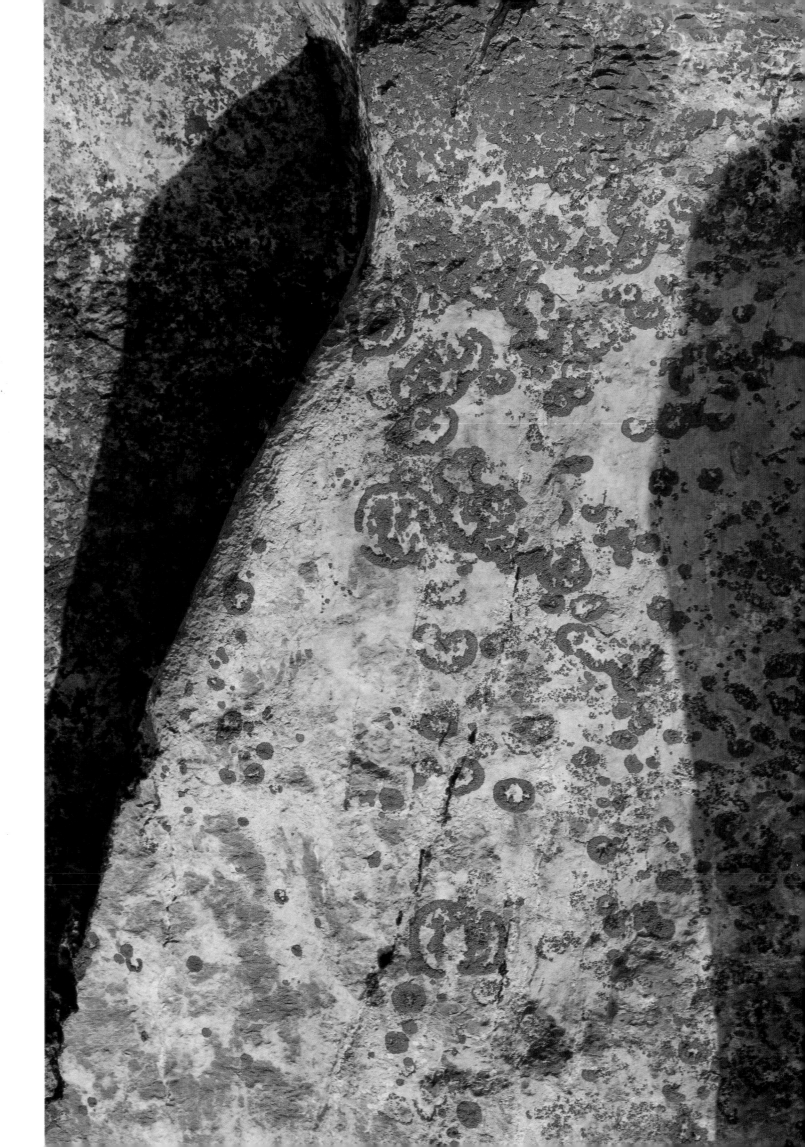

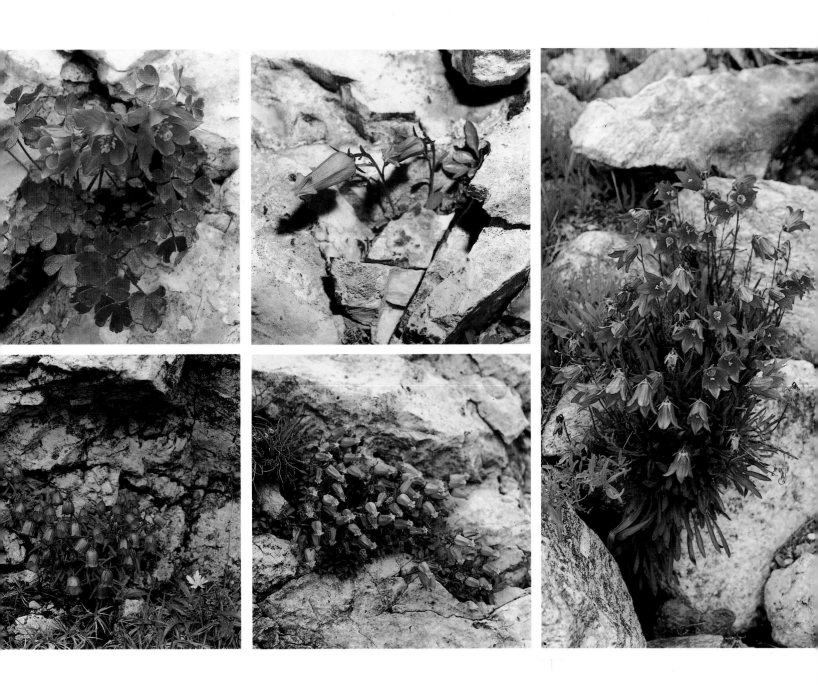

Les fissures et corniches des parois rocheuses sont appréciées des campanules, dont la diversité des espèces est tout aussi stupéfiante que l'éclat de leur teinte. C'est le cas de *Campanula zoysii* (espèce endémique des Alpes juliennes – 2, 5), *Campanula bibersteiniiana*, dans le Caucase (3), ou *Campanula cochleariifolia*, dans les Tatras (4). Dans la palette des bleus, on trouve aussi l'ancolie du Caucase (*Aquilegia olympica* – 1). Par contre, la potentille à fleurs roses (*Potentilla nitida* – page ci-contre) des Alpes juliennes est une espèce rare ; la plupart des potentilles rampantes ont une floraison jaune.

Alors que dans le Caucase *Campanula bibersteiniiana* (en haut) a l'audace de pousser en marge des glaciers et moraines glaciaires, dans les Andes patagoniennes le petit arbuste *Embothrium coccineum* nous étonne par une floraison écarlate, en décembre, qui illumine les clairières des forêts.

La saxifrage à feuilles opposées (*Saxifraga oppositifolia*), page ci-contre, est le symbole même de la discrétion et de la ténacité. Dans les éboulis des Alpes juliennes s'associent cyclamens parfumés (*Cyclamen purpurescens* – 1), pavot rhétique à fleurs jaunes (*Papaver rhaeticum* – 2) et une espèce endémique de pavot à fleurs blanches (*Papaver ernesti-mayeri* – 3).

La renouée de l'Himalaya (*Polygonum affine*), entièrement rouge, crée un contraste frappant avec la fine couche de neige de septembre. Elle peut servir de guide, escaladant les pentes du Taboche (en bas), de l'Ama Dablam (à droite) et autres sommets népalais de l'Himalaya, jusqu'à la limite inférieure des neiges.

Les roches basaltiques de Malá Sněžná Jáma dans les monts des Géants hébergent un large éventail de plantes remarquables : la saxifrage rude (*Saxifraga aspera*), la saxifrage musquée (*Saxifraga moschata basaltica*), le pâturin lâche (*Poa laxa*), qui est rare dans les monts des Géants, et la rhodiole rose (*Rhodola rosea*) dont les effets curatifs étaient bien connus déjà au temps de nos ancêtres.

Des œillets font partie du coloris des parois rocheuses calcaires. Sur les roches de Hautes Tatras pousse l'oeillet des glaciers (*Dianthus glacialis*).

La fréquentation régulière de massifs montagneux comparables permet de mieux comprendre pourquoi certains endroits n'abritent que des touffes éparses de graminées, d'autres des bosquets touffus de pins nains, des tapis de sphaignes ou des communautés de plantes si variées que leur comparaison à des jardins botaniques n'est pas exagérée. Bien avant la venue des premiers naturalistes, les populations locales connaissaient l'étonnante richesse de la flore montagnarde et avaient découvert les vertus thérapeutiques de certaines plantes qu'elles allaient chercher à des altitudes élevées. Elles ne pouvaient expliquer la richesse et la variété de cette flore autrement que par des mythes, pensant que la montagne était le séjour de créatures surnaturelles.

L'état actuel de la science ne permet pas encore d'expliquer comment cet extraordinaire déploiement d'espèces, aux formes, couleurs et parfums variés, peuplant les prairies alpines, résulte de la conjugaison harmonieuse de nombreux facteurs naturels comme la direction du vent, l'orientation des versants, la présence et l'importance du manteau neigeux, les avalanches, l'eau, le rayonnement solaire, les processus microbiens dans le sol, etc. Si, aujourd'hui, les superstitions ont disparu, la beauté des prairies alpines continue de nous éblouir.

En haute montagne, on observe des différences entre la végétation des versants au vent ou protégés du vent, ou exposés au sud ou au nord. Parfois, quelques mètres seulement séparent les pelouses pauvres et monotones du versant au vent, où dominent nard aux feuilles raides, laîches et joncs, des prairies inondées à la flore luxuriante du versant sous le vent, avec son éventail coloré de primevères, gentianes, crépides, porcelles, aconits et épervières.

Cependant, la richesse est une notion relative, même dans le domaine des valeurs naturelles. Ainsi, la beauté mythique de la flore des versants sous le vent des cirques glaciaires des monts des Géants, qui leur ont valu le nom de "Jardins du Diable" ou "Jardins de Krakonos" (créature surnaturelle régnant sur les montagnes), est loin d'égaler celle des prairies des Alpes ou des Carpates, à savoir les prairies colorées des Tatras ou les splendides prairies inondées des Alpes juliennes et des éboulis calcaires des Dolomites. Et celles-ci ne peuvent rivaliser avec la richesse botanique de la chaîne himalayenne, quand, vers le milieu de l'été, la mousson offre aux yacks des pâturages regorgeant de coquelicots, pédiculaires, fritillaires, gnaphages, orchidées, potentilles ou rhododendrons. Ou encore avec le paradis botanique qu'est la prairie caucasienne en fleurs, en juillet, avec les chandelles jaunes de ses lis, la profusion rose de ses chèvrefeuilles, astragales, géraniums des prés et trèfles, ses serratules bleues, centaurées, œillets, silènes, ails, ancolies, saxifrages ou splendides bouquets d'orchidées sauvages.

Toutefois, l'abondance des espèces des jardins botaniques sur les versants protégés du vent et exposés au soleil ne se limite pas à la flore. Celle-ci ne représente qu'une infime partie de la richesse et de la diversité de la vie qui palpite sous le couvert végétal, au cœur des sols profonds et humides riches en humus et matières minérales. Les prairies alpines peuvent produire une énorme quantité de matière organique, de l'ordre de 1 kg par mètre carré chaque année, soit l'équivalent de la production d'une forêt adulte. Dans la forêt, cette matière est absorbée par les arbres, alors que dans les prairies les parties aériennes de la plupart des plantes se dessèchent à l'automne. Et pourtant, elle ne s'y accumule pas. Comment est-ce possible ?

La nature sait gérer ses produits. Les scientifiques ont calculé qu'un seul gramme de sol renfermait 30 milliards de bactéries, moisissures et de nombreux protozoaires qui, avec les vers de terre, arthropodes et petits mammifères, interviennent tous dans les processus de décomposition, d'aération, d'ameublissement et de fertilisation du sol. Ainsi, cette armée de destructeurs travaille intensivement toute l'année, même l'hiver, pour que la prairie ne soit pas ensevelie sous ses déchets. Car le sol gèle rarement sous l'épais manteau neigeux accumulé sur les versants sous le vent. Une vie microscopique, impliquant une circulation intense d'éléments nutritifs et d'énergie, palpite en permanence, en dehors de toute intervention humaine (fauche, pacage ou fertilisation) qui est, au contraire, nécessaire au maintien des pâturages semi-cultivés établis à l'emplacement de forêts abattues.

Les biologistes spécialisés dans l'étude des sols ont décrit celui des Alpes comme étant sursaturé de micro-organismes, notamment de podures dont les déjections forment un humus fertile appelé "moder". Comme les excréments des lombrics, ce sont d'excellents engrais naturels.

Beaucoup de plantes fourragères (vesce, pois vivace, astragale, oxytropide, sainfoin d'Espagne et lotier corniculé) qui peuplent les prairies alpines portent sur leurs racines de petits tubercules renfermant des bactéries pouvant fixer l'azote atmosphérique et le transmettre à leurs hôtes sous forme de composés azotés. Ce processus naturel assure un emploi économique et équilibré de l'azote, sans que l'homme ait à intervenir pour l'améliorer. À vrai dire, le meilleur agriculteur, celui qui est entièrement responsable des conditions de développement des prairies alpines, c'est le vent. En montagne, il transporte la pluie, la neige, de fines particules de terre, des graines, des micro-organismes et de minuscules créatures sur des distances plus ou moins longues, pour les accumuler sur les versants sous le vent, dans les marmites creusées par d'anciens glaciers, ou par l'action érosive de l'eau ou de la neige. En outre, l'accumulation de neige provoque à intervalles réguliers des avalanches destructrices qui, depuis des millénaires, empêchent l'expansion des forêts dont l'ombre et l'acidité de l'humus font obstacle au développement des végétaux et animaux qui recherchent le soleil.

Ce transport éolien entraîne, dans les zones des cirques situées sous le vent, la formation de "tas de compost" progressivement recouverts d'une prairie naturelle : de véritables jardins botaniques entretenus par le vent, la neige, les avalanches et par diverses espèces animales et végétales. Ils sont l'illustration parfaite d'une utilisation efficace des éléments nutritifs de l'espace, de l'humidité et de l'énergie solaire. De tels milieux sont un enseignement dont l'homme devrait faire bon usage dans ses rapports avec le paysage montagnard.

Les prairies dans les Alpes (p. 94), ou dans le Caucase (à gauche) dans les monts des Géants abritent une plus grande variété d'espèces que les prairies de massifs hercyniens comme les monts des Géants. Mais celles-ci offrent cependant un bel éventail de formes, de couleurs et de parfums.

En juillet et en août, les prairies de montagne atteignent le maximum de leur beauté. Au cœur des tapis de fleurs bleues du géranium (*Geranium sylvaticum*) se cachent des bouquets d'une espèce rare d'orchidée (*Dactylorhiza fuchsii psychrophila*).
Les insectes ne manquent pas de nourriture (le damier du genre *Mellitaea*).

100

Seules les prairies des Alpes juliennes s'enorgueillissent d'une espèce endémique de la famille de la ca-
rotte (*Heracleum siifolium*) ; en revanche, la floraison jaune de l'aconit tue-loup (*Aconitum lycoctonum*) y
est aussi abondante que dans les Alpes, dans les Tatras ou dans le Caucase, comme l'espèce *Scaeva py-*
rastri, dont le genre est très vaste (à gauche).

La beauté de la flore montagnarde tient à la grande variété de teintes de nombreuses espèces de plantes à petites fleurs. Les fleurs tubulaires des gentianes (*Gentiana depressa*, gentiane trompette de l'Himalaya, à droite) ou les grandes fleurs des pulsatilles (*Pulsatilla vernalis*) dans les monts des Géants (à gauche) attirent le regard en dépit de la profusion d'autres fleurs comme les grand lis (*Lilium monadelphum* du Caucase pp. 102, 103).

Les géraniums (*Geranium sylvaticum*) et la renoncule *Ranunculus acer* abondent en revanche dans les prairies de montagnes européennes. Le papillon *Maeroglossum stellatarum,* en train de sucer de sa longue trompe le nectar d'une fleur de chardon, ressemble à un oiseau-mouche.

La vipérine (*Echium russovii*, p. ci-contre) est une espèce courante des prairies causasiennes, alors que le silène à fleurs blanches (*Silene cucubalus*), à droite en haut, est une plante commune des monts des Géants.

Il est difficile d'imaginer que la petite prêle de la forêt (*Equisetum sylvaticum*, à gauche en haut), a pour ancêtre la prêle géante, dont la décomposition depuis le Paléozoïque a engendré la formation des dépôts de houille actuels.

Les tapis de fleurs des prairies détrempées des Alpes font le délice des papillons : la petite vanesse de l'ortie (*Aglais urticae*) fait partie des espèces les plus courantes.

Divers changements sont observables au cours de l'ascension d'une montagne, sur quelque continent que ce soit. La température baisse avec l'altitude : de plus d'un demi-degré tous les 100 m. La pression atmosphérique diminue également, alors que les vents deviennent plus violents et que le rayonnement ultraviolet solaire s'intensifie.

Quand on quitte l'étage de la forêt composée d'espèces caduques, on se retrouve entouré de conifères – épicéas, mélèzes ou pins sylvestres. Plus haut, là où les conditions climatiques se font plus rudes, ils cèdent la place à des espèces plus résistantes – pin de montagne, sorbier ou rhododendron. Puis on atteint l'étage de la prairie, haute en couleur. Au-delà, la toundra sèche à base de lichens recouvre les derniers refuges de vie. Le labyrinthe de roches, de champs de neige et de glace constituant les plus hauts sommets de la Terre, est trop inhospitalier pour abriter la vie de façon durable, sauf peut-être sous ses formes les plus primitives et les plus résistantes, colonies d'algues et de bactéries appréciant les milieux froids ou minuscules lichens vivant sur les roches ou dans leurs fissures.

L'étagement de la végétation en montagne est la plus parfaite démonstration de l'harmonie de toutes les forces naturelles. Et les randonnées à toutes les altitudes sont le meilleur moyen de se perfectionner en sciences naturelles. Comme dans un film accéléré, toutes les zones de végétation s'étendant en bandes horizontales sur des milliers de kilomètres entre le bassin méditerranéen et le pôle Nord défilent sous nos yeux.

Sur les pentes n'ayant reçu la visite d'aucun bûcheron, on est entouré par la forêt – théâtre naturel grandiose mettant en scène silhouettes, formes, mouvements, bruits, senteurs et couleurs. Peu importe que le décor soit composé d'épicéas, de mélèzes, de pins, d'érables ou de séquoias géants. L'homme ne doit jouer ici d'autre rôle que celui de spectateur émerveillé par la singularité de l'environnement. Ici, le feu, les insectes nuisibles, les champignons parasites jouent un rôle qui ne peut être qualifié d'utile ou de néfaste, selon notre propre terminologie. La mort d'organismes vivants n'est pas une fin. Au contraire, elle fait naître des centaines de milliers d'autres individus qui peuvent décomposer la matière organique de sorte qu'elle devienne le substrat d'une nouvelle vie. Production, consommation, décomposition : cette circulation de matière et d'énergie existe depuis des millions d'années, mais elle n'est peut-être nulle part aussi remarquable que dans les écosystèmes forestiers qui comptent parmi les ensembles les plus riches, les plus variés et les plus complexes du monde.

La diversité des conditions naturelles de chaque continent se reflète dans celle des forêts de montagne. Les versants des montagnes européennes de la zone tempérée sont couverts de forêts de hêtres ou d'épicéas dont l'atmosphère mystérieuse tient autant à la variété des espèces qu'à l'étrangeté des vieux troncs, modelés depuis de longues décades par le vent, la neige et le givre. Ceux des vieux hêtres couverts de polypores offrent un spectacle fascinant aussi inoubliable que la vision de ces énormes racines sinueuses des épicéas qui, comme des tentacules, enserrent les rochers, s'infiltrent dans leurs fentes et leurs débris, parvenant à ancrer, à l'aide de cette armature naturelle, des géants de 30 m même dans un sol peu profond. Sur les versants montagneux de la Colombie britannique, certains conifères peuvent même atteindre une hauteur de 100 m.

Les épicéas, aux silhouettes coniques, ont un branchage dense jusqu'au sol, et le chevauchement de leurs rameaux à la manière de tuiles constitue une protection parfaite contre les fortes chutes de neige et le givre épais, qui ne peuvent s'y accumuler et glissent jusqu'à terre. Cette particularité remarquable a été affinée à la perfection par l'épicéa au cours des siècles.

Les vieux arbres abritent, à tous leurs étages, une foule de locataires : des champignons décomposant le bois aux nombreux représentants de la vaste famille des insectes, sans oublier les petits vertébrés qui vivent dans des terriers parmi leurs racines ou les oiseaux qui installent leurs nids dans leurs vastes couronnes ou au creux de leurs troncs.

L'éternelle pénombre de la forêt adulte et sa richesse en humus naturel toujours humide offrent des conditions de développement idéales au mycélium de diverses plantes saprophytiques (qui vivent aux dépens de matières organiques en provoquant leur décomposition) – moisissures et champignons dont les sporocarpes ne sont pas seulement décoratifs, mais pour beaucoup entretiennent d'excellentes relations avec les racines des arbres, dans une symbiose apportant aux deux partenaires les nutriments qui leur sont utiles.

Les forêts primitives qui recouvrent les pentes des hautes montagnes des zones tropicales et subtropicales du globe présentent un aspect différent. Elles se distinguent par leur exceptionnelle biodiversité. Le développement d'une variété incroyable de formes de vie, représentant peut-être toutes les catégories d'organismes existant sur terre, est rendu possible ici par un taux d'humidité, une chaleur et un ensoleillement importants. Ce milieu a donné naissance au biotope le plus riche de notre planète : la forêt équatoriale. Étant donné ses énormes capacités de transformation du dioxyde de carbone en oxygène, elle est souvent comparée aux poumons de la Terre. Malheureusement, la rapidité avec laquelle l'homme la détruit pose de nombreux problèmes à ceux qui se sentent responsables de l'état futur de notre environnement.

La forêt tropicale s'étend sur des millions de kilomètres carrés, que ce soit dans les bassins des fleuves d'Amérique du Sud, d'Afrique centrale et d'Asie du Sud, ou sur les contreforts des hautes montagnes des régions équatoriales de ces continents. Si la diversité de ces forêts primitives s'amenuise avec l'altitude, elles offrent encore une grande variété d'espèces, de formes et de couleurs sur les versants de certaines hautes montagnes d'Afrique, d'Asie et d'Amérique du Sud, où elles composent l'étage de la "forêt des brouillards" jusqu'à 2 000 à 3 500 m d'altitude. Les principaux acteurs de leur formation sont de fortes pluies (3 000 à 5 000 mm) qui, avec la température et l'orientation des pentes, entraînent l'apparition de brouillards et d'un climat particulier, inimitable. La teinte locale de la forêt tropicale humide de montagne est intensifiée par le vert soutenu de son environnement – mousses sombres recouvrant troncs, branches, roches et surface du sol, rideaux de mousses drapant les branches et végétation exubérante des plantes épiphytes, grimpantes et parasites enveloppant les troncs : essentiellement des mousses, hépatiques, lichens, fougères, une variété incroyable d'orchidées, des bromélias, arums, ignames, etc. Les troncs abritent des jardins botaniques miniatures, qu'aucun jardinier ne pourrait reproduire. Chaque tronc, chaque arbre de la forêt est une œuvre d'art de la nature, créée pour durer. Les forêts ne peuvent être considérées comme de simples réserves de bois et autres matières exploitables par l'homme. Ce sont les écosystèmes les plus riches de la planète, et il est grand temps que l'homme en prenne conscience et se comporte avec plus de sagesse à leur égard, s'il ne veut pas le payer plus tard.

Le moindre espace de la vieille hêtraie abrite la vie : les vieilles souches mortes et le sol accueillent une multitude de champignons saprophytes, mousses et lichens : *Fomes fomentarium,* p. 110, *Trametes versicolor* (1), *Phallus impudicus* (2), diverses espèces des genres *Cladonia* (3) et *Hypholloma* (5 et page ci-contre). Chaque année, des milliers de jeunes plants de hêtres (4), porteurs d'une vie nouvelle, émergent de la litière de feuilles mortes, dont quelques-uns seulement survivront au-delà d'une année.

$$\frac{\begin{array}{ccc} 1 & 2 & 3 \end{array}}{\begin{array}{cc} 4 & 5 \end{array}}$$

Les troncs des vieux hêtres sont des œuvres d'art témoignant de la rudesse des épreuves imposées au fil des années par un milieu montagnard peu clément.

Les mousses recouvrant les vieux troncs sont le refuge idéal d'une foule de petits animaux.
Épicéas des monts des Géants, les "derniers des Mohicans" en marge des couloirs d'avalanches des cirques glaciaires.

Dans un sol montagnard pauvre et peu profond, les épicéas n'ont pas seulement besoin du soutien de leurs robustes racines, mais aussi de l'échange nutritif qu'ils entretiennent en symbiose avec de nombreux champignons : *Boletus aurantiacus* (4), *Boletus edulis*, le bolet comestible (1), *Lactarius rufus*, le faux lactaire (5), *Ramaria flava*, la reine-des-prés (2), et *Russula* sp., la russule (3).

$\frac{1}{4}$ 2 $\frac{3}{5}$

À en juger par l'envergure des pins cembro (*Pinus cembra*) dominant la vallée Bielovodska, certains sont de très anciens survivants.
La première neige et le givre illuminent pour un temps l'éternelle pénombre de la forêt montagnarde.

Ce splendide arboretum rappelle, en automne, la forêt tropicale humide des versants himalayens, avec ses draperies de lichens épiphytes du genre *Usnea* (Langtang, en bas, et Khumbu Himal, Népal).

La lutte permanente pour la lumière et la nourriture est le lot commun de la végétation des forêts recouvrant les contreforts du mont Kenya (5 194 m) en Afrique équatoriale (à gauche), et des forêts tropicales humides himalayennes.

L'ampleur des précipitations métamorphose les roches des cours d'eau himalayens (Langtang – à gauche). Elles se recouvrent de tapis de mousses et de fougères comme les très anciens spécimens de *Northofagus* de la forêt patagonienne.

Les forêts primitives des hautes montagnes tropicales d'Asie, d'Afrique et d'Amérique du Sud abritent une variété stupéfiante d'espèces, parfois très anciennes.

Les séquoias (*Sequoia sempervirens*), dont les fûts gigantesques s'élancent vers le ciel comme les flèches d'une cathédrale gothique, peuvent atteindre 100 m de haut et vivre 2 500 ans. Ils comptent parmi les plus vieux organismes vivants de la Terre.

Tout ce qui vit en montagne est en permanence exposé à de multiples agressions : écarts extrêmes de la température, vents violents, pression d'un épais manteau neigeux, chutes d'avalanches, glissements de terrain (ou solifluxions) et rayonnement ultraviolet solaire plus intense que dans les plaines. Les plantes affrontent ces contraintes de façons différentes. Feuilles velues, de petite taille, port en coussinets denses, recouverts en début de printemps de grandes fleurs à courte tige, ne sont pas des attributs purement esthétiques, mais des formes d'adaptation à un milieu défavorable.

Ainsi, l'intensité élevée des rayons ultraviolets limite le développement de nombreux tissus d'organismes végétaux en montagne. C'est pourquoi leurs tiges sont plus courtes et ils sont en général plus petits ; les fleurs paraissent disproportionnées par rapport aux minuscules feuilles. Certains se souviennent peut-être des photos de leur livre de sciences naturelles, comparant un pissenlit poussant en altitude et la même espèce poussant dans les plaines, les capitules du premier étant directement fixés sur la rosette compacte des feuilles étalées sur le sol. Ce type de pissenlit se trouve en abondance dans les Andes, dans la zone des paramos où sa floraison est spectaculaire.

Entre 25 et 30 pour cent des fleurs de montagne ont des teintes où dominent les nuances de rouge et de violet. Cela est dû à la proportion élevée des rayonnements ultraviolets qui, associée à de faibles températures, engendre la production par les plantes de colorants – les anthocyanes. Selon la réaction de la sève contenue dans les cellules des fleurs, les anthocyanes sont roses, rouges ou violets à bleus. Les fleurs de montagne résistent bien aux gelées en raison d'une concentration élevée en sucres de leurs fluides cellulaires.

Certains végétaux résistent aux rigueurs des sites très ventés par une végétation dense et rase en forme de coussinet. C'est pour eux un excellent moyen de se protéger du froid et de conserver leur humidité, leur évaporation étant alors limitée ; en outre, leurs parties mortes s'accumulent à l'intérieur du coussinet, formant un terreau qui n'est pas emporté par le vent. Ainsi, les plantes abritent et améliorent leur propre milieu.

Sur les versants fréquemment battus par des vents dominants, les espèces ligneuses, notamment les arbres, adoptent une forme dite "en drapeau". Sur les troncs et les branches exposés au vent, l'écorce est desséchée, écorchée et rabotée par les cristaux de glace, la neige et les grains de sable. Les bourgeons ne peuvent se former et la croissance des branches devient donc impossible. Les arbres ne se développent donc que du côté protégé du vent. Ces formes en drapeau nous renseignent parfaitement, comme le ferait une girouette, sur les directions dominantes suivies par les vents de montagne depuis des siècles.

Le vent, la neige et le gel ont contribué à donner aux pins nains des tourbières des monts des Géants des formes tabulaires, ou encore des formes en espalier au saule à port rampant des Alpes et de l'Himalaya. Coulées de neige et avalanches peuvent aussi donner aux arbustes des formes étranges.

On peut observer en montagne divers exemples de stratégie de survie des végétaux, variant selon l'altitude et le type de relief. Les arbres, qui ne peuvent résister aux conditions climatiques les plus agressives, en sont un bon exemple. Quand on gravit une montagne, la forêt épaisse devient plus clairsemée, puis ne persistent que des arbres aux silhouettes tourmentées, qui portent les cicatrices de la lutte acharnée qu'ils mènent pour survivre, semblables aux "derniers des Mohicans". Au-delà, les espèces ligneuses ne sont plus représentées que par des arbustes.

Ces nouvelles formes de vie marquent la limite supérieure de la forêt, qui sépare l'étage montagnard et subalpin de l'étage alpin, où les arbres épars laissent la place aux arbustes, puis à la pelouse alpine. Pourquoi en est-il ainsi ? Au-delà de cette limite, les températures deviennent trop basses, la période végétative trop courte pour que les pousses de l'année aient le temps de se lignifier. Elles sont alors sensibles aux gelées hivernales et aux pressions exercées par les couches de neige, de givre ou les violentes rafales de vent.

La végétation basse est mieux adaptée à ces conditions, ce qui explique que les arbustes à port rampant dominent sur les pentes supérieures.

L'altitude de cette limite supérieure de la forêt varie selon les massifs : elle s'étend à 1 400 m dans les monts des Géants, 2 000 m dans les Alpes et le Caucase et 4 000 m dans l'Himalaya. On peut en trouver l'explication dans la différence d'envergure des montagnes, leur distance par rapport aux pôles ou à la mer, les vents dominants locaux ou encore leur structure géologique.

Dans les monts des Géants, les Tatras et les Alpes, le pin nain (*pin mugho*), une espèce très résistante de pin de montagne dont les troncs peuvent atteindre 150 à 200 ans d'âge, devient alors prédominant. Ses bosquets sombres et épais sont un trait remarquable du paysage de la plupart des montagnes d'Europe orientale et centrale. On ne le trouve pas dans le nord de l'Europe, ni dans les hautes montages d'Asie ou d'Amérique, où poussent, en revanche, rhododendrons, genévriers, des espèces naines de hêtres à feuillage persistant (*Northofagus*), sapins, cèdres, saules et autres espèces arbustives.

Les conditions de vie très rudes sévissant au-delà de la limite de la forêt influent sur le développement des arbustes. Une tige de 50 cm peut être vieille de plusieurs décennies. Son épaississement annuel, de l'ordre de quelques millimètres, est si imperceptible qu'il faut une bonne loupe pour apercevoir les cernes de croissance sur la coupe d'un tronc. Certains genévriers et pins de la sierra Nevada en Amérique du Nord ont 3 000 à 4 000 ans. On ne voit pas ici de vieux spécimens condamnés à mourir. Les branches rampantes et petits troncs épousent parfaitement la forme du terrain et s'enracinent dans de bonnes conditions, selon un marcottage naturel. Une telle stratégie est beaucoup plus adaptée aux rudes conditions de la haute montagne que la reproduction par des graines.

La flore montagnarde peut présenter des formes extraordinaires, comme les séneçons arborescents et cardinales de 6 m à la limite de la forêt sur les hautes montagnes d'Afrique équatoriale, le Ruwenzori, le mont Kenya ou le Kilimandjaro. Un feuillage épais et pubescent (velu) les protège parfaitement des fortes gelées nocturnes qui sévissent à ces altitudes, même en Afrique.

Au seul examen du port et des formes d'adaptation des représentants de la flore, un naturaliste confirmé peut identifier leurs sites d'origine, les contraintes auxquelles ils sont soumis ou les avantages dont ils bénéficient.

Dans le rude climat de la zone subnivale, seules les espèces les plus résistantes peuvent survivre. La serratule de l'Himalaya (genre *Saussurea*) pousse jusqu'à plus de 5 000 m (au fond, le pic Nuptse, p. 132), de même que les coussinets denses des espèces du genre *Kobressia*, près de l'Ama Dablam, à droite. Les versants du Kilimandjaro sont encore plus inhospitaliers, à en juger par la forte pubescence des asters.

Au fond, le cratère de Meru (en bas).

Les arbres de montagne s'adaptent de diverses manières aux agressions du vent, au poids du manteau neigeux ou des avalanches (forme "en drapeau" du sapin d'Écosse sur les pentes du Tchéget, Caucase, à gauche) ; tiges rampantes du sorbier dans la vallée Mengusovska, Tatras.

Pin mugho (*Pinus mugho*) sur les pentes du Kozí Hřbety, dans les monts des Géants (en haut), ou genévrier (*Juniperus*) sur le promontoire rocheux du Grand Canyon, dans l'Arizona, témoignent du peu d'exigence des espèces d'altitude et de leur volonté de survie.

Quoi de plus insolite que ces lobélies géantes et les séneçons qui se dressent entre arbres et graminées sur les versants des volcans africains (mont Kenya, à gauche, et Kilimandjaro) ?

143

La lutte pour la vie sous le climat aride de la Monument Valley (en bas) ou les vents froids des Andes patagoniennes, près du Cerro Torre, n'a pas toujours une fin heureuse. Les souches tourmentées des arbres prouvent néanmoins que ces lieux ne sont pas forcément stériles.

Comme on l'apprend en géographie, le volume des précipitations augmente avec l'altitude. En effet, quand la température décroît, la vapeur d'eau contenue dans l'atmosphère se condense. Les massifs montagneux constituent un sérieux obstacle à la circulation du vent qui transporte des masses d'air humide venant des mers et océans. En remontant les versants montagneux, cet air humide se transforme en pluie ou en neige. Dans les montagnes européennes, les précipitations sont souvent supérieures à 2 000 mm par an. Dans l'Himalaya et les hautes montagnes tropicales, au niveau de la forêt tropicale humide ou "forêt des brouillards", soumise aux moussons et aux alizés, les précipitations sont souvent égales ou supérieures à 8 000 mm. Dans son cheminement sous forme de cours d'eau, l'eau va influencer toute matière inerte ou vivante jusqu'à ce qu'elle regagne mers et océans, bouclant un cycle bien connu.

L'eau de pluie ou l'eau de fonte des neiges et des glaces s'infiltre dans les fissures des roches puis, après un parcours souterrain, resurgit sous forme de minces filets d'eau qui viennent grossir ruisseaux, torrents et rivières. Ces sources d'eau sont aussi sources de vie. Leurs caractéristiques – température, débit, composition chimique – conditionnent non seulement la vie des habitants des montagnes ou des régions situées à leur pied, mais aussi le milieu naturel environnant. Dans l'eau et près de l'eau se jouent divers drames à la frontière de la vie et de la mort, dont la mise en scène est réglée par de rudes lois écologiques.

L'eau modèle le paysage montagnard différemment, selon son débit, sa température et ses propriétés chimiques qui, au gré des saisons, donnent à la flore un aspect changeant près des sources et des torrents. À son point d'émergence, sa température reste constante toute l'année, ne dépassant pas quelques degrés au-dessus de zéro. Elle est légèrement oxydée et en général pauvre en éléments nutritifs. Ce milieu convient bien aux mousses, hépatiques et algues aimant le froid. À quelques mètres de là seulement, dans les terrains détrempés, poussent des communautés de plantes aimant l'humidité : violettes, soucis, cardamines, saules herbacés, pédiculaires, laîches, orchidées. Dans les ravins plus profonds creusés par les torrents, on trouve des plantes de plus grande envergure – aconits, gentianes, andromèdes à grandes feuilles – qui signalent de loin la présence d'un cours d'eau. La faune peuplant ces lieux est tout aussi variée : micro-organismes, insectes, poissons, amphibiens, oiseaux et petits mammifères.

Les montagnes ne comportent pas seulement des pentes raides et des escarpements rocheux dévalés par des torrents impétueux. Leurs sommets abritent aussi des dépressions peu profondes où l'eau de pluie, mal drainée, stagne. Des débris végétaux s'y décomposent pour former d'épaisses couches de matière organique brun foncé – la tourbe – l'ensemble constituant le milieu naturel particulier des tourbières d'altitude. À petite échelle, se déroule un processus vieux de centaines de millions d'années quand, à l'ère paléozoïque (primaire), des prêles, herbes à massues et fougères géantes ont formé en se décomposant les actuels dépôts de houille.

Le milieu des tourbières de montagne est très rude, semblable à celui de la toundra scandinave. Il n'est pas étonnant que, dans les périodes postglaciaires, un grand nombre d'espèces des toundras arctiques et subarctiques aient trouvé refuge dans les tourbières des montagnes d'Europe, d'Asie et d'Amérique du Nord. La toundra rappelle l'environnement naturel des périodes glaciaires, quand une énorme calotte de glace recouvrait la majorité des continents. Au cœur de l'Europe, dans les monts des Géants, l'une des plus petites ronces connues, *Rubus chamaemorus,* fait partie de ces reliques de l'époque glaciaire. Sa tige prostrée, dépourvue d'épines, ne s'élève que de 10 cm au-dessus du tapis végétal des tourbières. Ses fruits orange, très appréciés pour leur haute teneur en vitamine C, sont mis en conserve en Scandinavie. En Finlande, on récolte chaque année plus d'une tonne de ces "mûres arctiques" employées en garniture de diverses préparations.

Les tourbières sont façonnées par l'eau, le givre, le vent et la glace, qui en bouleversent la surface compacte depuis des siècles, la labourant et la morcelant en d'étonnantes formations superficielles : monticules ou mamelons, étroites fissures ou crevasses plus larges et profondes toujours remplies d'eau, caractéristiques des gisements de tourbe. Chaque tourbière est parsemée de lacs aux eaux brun foncé en raison de leur haute teneur en matières organiques ou acides humiques.

L'eau des tourbières n'est pas seulement très acide (pH compris entre 3 et 5), mais très pauvre en éléments minéraux – calcium, magnésium, potassium, phosphore et azote. Les plantes doivent donc économiser leurs ressources énergétiques limitées ou améliorer leurs conditions de vie d'une manière ou d'une autre. Ainsi, les plantes carnivores – droseras et grassettes (des genres *Drosera* et *Pinguicula*) peuvent compenser leur manque en azote et autres substances en piégeant et digérant progressivement de petits insectes.

Les grandes fluctuations de température des tourbières se reflètent dans la sélection des organismes vivants qui en font leur habitat. La température moyenne annuelle des tourbières subarctiques des monts des Géants s'échelonne entre 1,5 °C et 2 °C, mais durant la journée leur surface sombre peut être surchauffée jusqu'à 50 °C. Ce phénomène s'explique par l'énorme évaporation d'eau, y compris celle des plantes. On pourrait penser qu'il y a plus d'eau qu'il n'en faut. Mais détrompez-vous ! Cette eau n'est pas tout entière utilisable par les tissus végétaux. En observant de près les feuilles et les tiges des différentes espèces, on constate avec surprise qu'elles présentent une structure anatomique semblable à celles des milieux arides, qu'elles souffrent pour certaines d'un manque d'eau, alors que c'est leur milieu de croissance, et y remédient par des mécanismes sophistiqués : par la réduction de la surface de leurs feuilles, le nombre et la taille de leurs stomates, par où s'évapore l'eau de leurs tissus, leur protection grâce à un revêtement cireux, leur texture coriace, etc. Telles sont les caractéristiques des feuilles des petits arbustes de l'airelle à fruits rouges, ou des arbustes nains de l'airelle des marais, de la myrtille et de l'andromède. Le sol des tourbières reste longtemps gelé, ressemblant beaucoup au permafrost des toundras sibérienne et canadienne : c'est un autre facteur limitant pour la végétation.

L'univers des tourbières d'altitude est vraiment si singulier et si mystérieux qu'il attire non seulement des scientifiques, mais aussi des écrivains, peintres et photographes. Ce sont de véritables archives de la nature. Les anciennes couches des tourbières peuvent conserver des grains de pollen et des corps de divers organismes, dont l'analyse rend compte de l'aspect de notre pays dans des temps géologiques reculés. Chaque tourbière témoigne de l'interférence entre la vie présente et celle d'un monde disparu depuis longtemps.

Tout en haut des montagnes, là où l'eau jaillit des profondeurs du sol, la nature nous offre un merveilleux spectacle : teinte vert foncé des mousses servant d'écrin aux sources (p. 146), sculptures de glace formées par l'eau après la première nuit de gel (p. 150), galets tapissés de mousses et hépatiques (p. 151 et à gauche) qui sont un abri pour tant de petits animaux aquatiques que le cincle plongeur (*Cinclus cinclus*) ne reste jamais inactif.

◄◄ Les nappes d'eau sont une source d'inspiration inépuisable pour un photographe attentif.
Dans l'Himalaya, de petits ruisseaux inondent sans cesse les champs installés en terrasses, où pousse le riz, nourriture principale de la population népalaise. Toute insuffisance ou tout excès de précipitations affecte les populations locales, de même que la déforestation des versants déclenche des glissements de terrain qui emportent les champs, mais aussi parfois les hommes.

156

Les sommets des monts des Géants sont un des rares espaces des montagnes d'Europe centrale où l'on trouve une réplique aussi parfaite de la toundra arctique. En fait, celle-ci s'est étendue ici jusqu'aux limites des prairies alpines durant la dernière grande période de refroidissement climatique de l'ensemble de l'Europe. Le paysage, comme la faune et la flore locales, en fournit, encore aujourd' hui, la preuve évidente.

La teinte brun foncé de l'eau des mares des tourbières s'explique par leur haute teneur en acides humiques lessivés. En dépit de cette forte acidité, ce n'est pas un milieu stérile : sphaignes, scarabées d'eau, becs-croisés, amphibiens parfois y trouvent refuge. La sélection des espèces s'opère selon la profondeur, la température et les propriétés chimiques de l'eau. Un milieu qui, en dépit de conditions extrêmes, fourmille de vie.

Nos ancêtres considéraient les montagnes avec respect et humilité, car ils n'étaient pas en mesure d'expliquer les particularités de leurs formes, de leur faune et de leur flore. Ils ne comprenaient pas non plus que des nuages noirs donnent, en plein été, de la neige blanche, que les vallées soient parfois inondées d'un brouillard épais, que la neige, habituellement blanche, puisse aussi être teintée de rouge, de jaune ou de vert. Les nuages effilés, constitués de cristaux de glace, rabattus par le vent du haut des cimes des géants himalayens, renforçaient les habitants des vallées dans leur conviction que les sommets des montagnes étaient les séjours des dieux.

L'explosion des connaissances scientifiques et techniques nous a permis, en deux siècles à peine, de comprendre presque tout ce qui se passe à la surface des massifs et de faire la distinction entre ces îles célestes et celles qui émergent des étendues d'eau du globe.

Les montagnes dominent de façon marquée leur environnement et exercent donc une influence, par leur masse et leur altitude, sur les paramètres climatiques de vastes régions : régime des vents, fluctuation de la température et de la pression atmosphérique, formation des nuages. Beaucoup de randonneurs se plaignent de voir le ciel bleu du début de leur ascension céder la place à un brouillard ou à des nuages épais au sommet, sans parler de la baisse de température et de la violence des vents. Ce sont des phénomènes climatiques normaux en montagne où, plus on s'élève, plus la température et la pression atmosphérique diminuent, tandis que l'intensité du rayonnement solaire augmente. Les grands écarts de température et de pression entre la base et le sommet d'une montagne expliquent en grande partie l'existence de courants aériens. Ces différences sont si accentuées en haute montagne que le temps y est rarement calme. Dans la journée, le vent souffle des vallées vers les crêtes, tandis que la nuit la situation est inversée.

Les écarts de température, d'humidité et de pression atmosphérique entre mers et continents sont, en outre, les éléments moteurs de phénomènes climatiques comme les moussons d'hiver et d'été en Asie tropicale ou les alizés dans les cordillères américaines, qui déterminent en grande partie les milieux naturels des versants au vent et sous le vent.

Les vents locaux propres au milieu montagnard ont reçu des noms distincts selon les régions : un vent descendant chaud et sec est appelé "foehn" dans les Alpes, "chinook" dans les Rocheuses, froid et sec "nevados" dans les Andes équatoriennes et "bora" en Europe centrale. Les montagnes les plus ventées du monde sont les Andes patagoniennes, qui connaissent souvent des vents de tempête de plus de 160 km/h.

Les nuages font partie intégrante, comme le vent, de l'univers montagnard. L'air saturé d'humidité se refroidit tant à certaines altitudes que la vapeur d'eau se condense en nuages de formes variées : cirrus, cirro-stratus, strato-cumulus. Les météorologistes ont répertorié dix types de nuages dont la formation est liée à l'altitude à laquelle se produit la condensation. Ils sont toujours une source utile d'humidité pour tout ce qui vit. Le ciel nuageux inspire aussi les photographes, les peintres ou les amoureux de la montagne. N'y a-t-il rien de plus fascinant que la beauté éphémère de cet instant où pics et arêtes émergent du brouillard ou des nuages comme baignés de lumière ?

Dans certaines circonstances, les individus doués d'une imagination fertile y voient apparaître des créatures surnaturelles. Dans le passé, plusieurs personnes ont vu le "spectre du Brocken" dans diverses montagnes européennes. En fait, ce n'était rien d'autre que la projection de l'ombre d'une silhouette à la surface d'une couche nuageuse, agrandie par des rayons solaires obliques. En outre, la réfraction de la lumière autour de cette ombre formait une auréole spectaculaire, aux couleurs de l'arc-en-ciel.

La surface accidentée des montagnes est le lieu idéal de la manifestation d'un processus de condensation de la vapeur d'eau atmosphérique sous forme de glace sur la végétation ou les obstacles présentés par le sol : le givre, ou gelée blanche. Rochers, brindilles ou tiges d'herbes peuvent être revêtus de glace ou poudrés de fins cristaux blancs. Ces œuvres, d'une beauté éphémère et fragile, sont devenues depuis peu dangereuses pour la nature, car elles renferment des substances chimiques concentrées provenant des fumées d'usines et des gaz d'échappement, transportées par le vent sur d'assez longues distances. La nature paie cher le prix de notre mode de vie.

Les sommets des montagnes apparaissent, en altitude, comme des îles émergeant d'une mer de nuages, lorsque se produit une situation climatique particulière, baptisée "inversion thermique" par les météoro-logistes. Ce phénomène survient surtout en automne et en hiver, quand l'air devient beaucoup plus froid à la surface des montagnes et, plus lourd que l'air chaud, glisse au fond des vallées, où il se condense sous forme de brouillard et de nuages. Pour le randonneur se trouvant en altitude à ce moment-là, les rayons obliques du soleil levant ou couchant font apparaître les sommets proches et lointains des montagnes environnantes comme des "îles" perdues au milieu d'un océan d'écume.

La beauté de ce phénomène est fugitive, car il ne dure que quelques heures ou quelques semaines. Avec le changement de pression atmosphérique et du courant aérien, l'océan blanc qui se trouve en contrebas commence à s'animer et à se dissiper, délivrant les habitants des vallées du froid et de l'humidité et leur permettant de vivre dans une atmosphère moins polluée.

Puis le phénomène se répète et de nouveaux randonneurs gravissent à leur tour la montagne pour admirer ces archipels de collines, moyennes et hautes montagnes baignées de nuages. Une vision inoubliable, qui restera gravée pour toujours dans leur mémoire, sur un carnet de croquis ou sur une pellicule photographique. Il en est de même pour la beauté fugace d'une primevère en fleur dans la fente d'un rocher, l'écoulement des gouttelettes de rosée sur les feuilles de la fausse hellébore, la silhouette torturée d'un vieil épicéa au sommet d'un versant battu par les vents, ou le bleu indigo d'une crevasse glaciaire.

Toutes les montagnes du monde constituent de merveilleux trésors où nous ne devrions puiser qu'avec parcimonie pour que les générations futures puissent, indéfiniment, se laisser envoûter par la rhapsodie des cimes.

◄◄ Depuis des siècles, les habitants du Caucase vénèrent leur montagne sacrée, "Mingi-Tau" (Elbrouz, 5 633 m), dont le sommet est masqué par les nuages.
La chaîne volcanique du mont Kenya (en bas) offre chaque soir le même spectacle féerique.
Le givre transfigure les tourbières d'altitude dans les monts des Géants.

La beauté d'un lever ou d'un coucher de soleil en montagne n'est qu'éphémère. Mais notre mémoire ou la photographie peuvent en conserver le souvenir (vallée en contrebas du Triglav dans les Alpes julien-nes, en bas, et cascade Pančavský dans les monts des Géants).

Les silhouettes des pitons de la Monument Valley à la frontière de l'Utah et de l'Arizona (à gauche), ou la pyramide illuminée par le soleil du pic Nuptse dans l'Himalaya (7 897 m) composent des paysages surnaturels.

Les montagnes, baignées de nuages, semblent des îles calmes, loin du rythme effréné de notre vie moderne.

L'Ama Dablam et le Namche Bazar, dans l'Himalaya (en bas), et le versant occidental du Kilimandjaro, grand volcan africain.

DICTIONNAIRE TERMINOLOGIQUE

Acides humiques : acides organiques faibles de couleur brune foncée constituant une partie de l'humus.

Alpages en fleur (à hautes tiges) : prairies naturelles riches en espèces végétales vivant sur les pentes abritées des montagnes et autour des torrents.

Auge : couloir d'un glacier dont le profil transversal est en forme de U

Biome : ensemble des communautés végétales et animales répandues sur un espace géograohique et climatique déterminé (par ex. la forêt tropicale, la savane, la tourbière).

Bouclier glaciaire (calotte) : grand glacier continental qui couvrait à l'aire glaciaire toute l'Europe du Nord, le nord de l'Allemagne, de la Pologne et les îles britanniques ; la situation était analogue en Amérigue du Nord où le glacier s'étendait jusqu'au Montana, l'Illinois et New Jersey.

Cataracte : série de chutes d'eau qui se précipitent d'une grande hauteur.

Cirques glaciaires : formation en cuvette creusées dans les versants des montagnes, entourées de parois rocheuses abruptes et caractérisées par un fond plat ou en gradins.

Climat aride : climat sec caractérisé par une forte évaporation des précipitations atmosphériques dont le nombre réduit limite le développement de la végétation.

Consommateurs : organismes se nourrissant de substances organiques (tous les animaux, une partie des microorganismes, les plantes parasites et insectivores).

Décomposeurs : organismes (surtout les bactéries et les champignons) qui transforment au cours de leur vie les résidus organiques en substances anorganiques

Dolines : Creux en entonnoir (de quelques cm jusqu'à 20 m) qui se forment à la surface des terrains karstiques (calcaire dolomite) et résultant de la décomposition des roches calcaires par l'eau.

Écosystème : ensemble formé par des animaux et végétaux vivant dans un milieu aux caractéristiques physiques particulières (forêts, étangs, torrents).

Épiphytes : végétaux fixés sur d'autres, surtout sur les plantes ligneuses, mais non parasites (certaines orchidées tropicales, ptéridophytes, bromélies, etc.)

Espèces endémiques : espèces végétales ou animales présentes seulement dans un espace géographique donné (par ex. les endémiques d'un continent, d'une île, du sommet d'une montagne).

Étages de végétation : profonds changements de la végétation dépendant de l'augmentation de l'altitude et de l'abaissement de la température (forêts de chênes et de charmes, hêtraies, épicéas, pins, prairies alpines).

Garlands : sols formés par le gel et présentant sur les versants des terrasses apparentes bordées de végétation.

Glaciation du Pléistocéne : épaisse calotte glaciaire de la fin du quaternaire (dernière période de glaciation) couvrant presque 30 % de la surface du globe ; cette glaciation se termina il y environ 12 mille ans.

Lapiaz ou **lapié:** fissures, gorges et crevasses résultant de la décomposition des roches karstiques (calcaires, dolomites) par les eaux de pluie.

Mamelons : proéminences du sol couvertes de végétation et formées par le mouvement de la terre sous l'effet du gel.

Montagnes hercyniennes : géologiquement montagnes vielles non karstiques de l'Europe centrale et occidentale (Massif central, Vosges, Schwarzwald, Harz, Monts Šumava, forêts de Bavière, Monts Métallifères et Sudètes).

Plaine alluviale : plaine constituée le long des cours d'eau par des sédiments chariés et déposés par l'eau ; elle est caractérisée par une végétation originale.

Plantes saprophytes : végétaux vivant sur des matières organiques produites par d'autres organismes en décomposition (certaines orchidées, la néottie, le lathraea, les champignons, etc.)

Plantes vasculaires : végétaux (ptéridophytes et plantes à fleurs) dont le tissu comporte des vaisseaux.

Plaques de neige : lieux où les névés fondent tardivement en été. Ils sont caractérisés par une végétation différente.

Plissements calédoniens : processus orogéniques qui se sont produits au cours du Primaire (Silurien).

Plissements varisques : processus orogéniques pendant le Paléozoïque (carbonifère, permien).

Précipitations horizontales : partie des précipitations atmosphériques résultant de la condensation de la vapeur d'eau dans l'atmosphère et recouvrant la surface du sol, des plantes, des bâtiments et autres sous forme de rosée, de givre et de verglas.

Producteurs : plantes vertes susceptibles de produire au cours de la photosynthèse des composés organiques à partir d'éléments inorganiques (H_2O, CO_2 et énergie).

Reliques glaciaires : espèces de plantes et d'animaux qui ont survécu à l'aire glaciaire et postglaciaire et qui occupaient jadis en grand nombre de vastes espaces. Aujourd'hui, on ne les retrouve qu'en certains lieux isolés.

Roches siliceuses (acides) : roches contenant plus de 65 % de silice (SiO_2) et seulement une faible quantité de calcium (granit, gneiss, micaschiste, phyllite, grés, diorite).

Séracs : aiguilles et blocs de glace qui se forment au points de rupture transversale et longitudinale d'un glacier pendant son mouvement.

Sillons : creux constitués à la surface des champs de neige et des névés et résultant d'une fonte intense et de la sublimation de la neige.

Solifluxion (glissement de terrain) : mouvement (glissement) lent ou rapide sous l'effet de la gravitation des sols composés de grains très fins et sursaturés d'eau.

Stomates : petits orifices sur la surface des feuilles constitués par des cellules particulières à l'aide desquels les plantes règlent l'entrée du CO_2 dans les feuilles et l'évaporation de l'eau (économie de l'eau).

Teraï : plaines fertiles constituées au pied des versants sud de l'Himalaya (Inde, Népal).

Thalle de lichens : corps des lichens que l'on distingue selon la forme en feuillets, arbustes ou en plaques.